A Música na Umbanda

Sandro da Costa Mattos

1ª edição / Porto Alegre-RS / 2019

Agradeço a Deus, Zambi, Olorum, Tupã, o nosso Criador. Às forças sagradas da Umbanda. Aos mentores espirituais que me orientam. Aos baluartes da nossa religião, fontes vivas do conhecimento. Aos meus irmãos que, comigo, trocam aprendizados, afinal somos todos mestres e alunos numa religião que ainda tem muito a ser estudada. Àqueles que, de alguma forma, contribuíram para a criação deste compêndio.

A todos, meu sincero Saravá!

Dedico esta obra à minha esposa, Viviane Schiavino da Costa Mattos, e aos meus filhos, Diego Schiavino da Costa Mattos e Juliana Schiavino da Costa Mattos. Aos meus pais e dirigentes da APEU, Pai Silvio Ferreira da Costa Mattos e Mãe Cleide Cunha da Costa Mattos. A todos os Ogãs da APEU, meus filhos de couro. Ao meu pai de couro, Pai Dermeval de Oxóssi. Aos meus alunos, de ontem e de hoje, dos cursos de toques de atabaques e cânticos, ministrados gratuitamente na APEU. A todos que assistiram minhas palestras e workshops. Aos meus irmãos de outras casas com quem, sempre que posso, compartilho momentos de grande alegria e devoção, tocando e louvando os Sagrados Orixás. Àqueles que fazem um trabalho sério em prol da Umbanda.

Dedico também esta obra a uma pessoa especial que figura nas minhas tenras lembranças: Pai Antônio Valentin (in memoriam), meu "avô espiritual", a quem eu, ainda bem pequenino, chamava carinhosamente de "Vô Preto". Pai Antônio Valentin dirigiu por mais de 50 anos a Tenda de Umbanda Pai Domingos, que ficava localizada no bairro de Vila Formosa, um local sagrado onde reinava a energia do amor, da fé e da caridade, raiz da Umbanda praticada dentro da APEU.

No terreiro de Pai Domingos
Eu "vai sambá", eu "vai sambá"
Quem samba com Pai Domingos
Ele vem saravá, ele vem saravá!

Que Deus abençoe a todos!

Sumário

A tradição do Tambor bem representada..................................9
Um verdadeiro registro da musicalidade na Umbanda 11
Comentários 13
Apresentação 17
A energia do som 21
Ruído e música 25
Classificação dos instrumentos musicais 27
A música religiosa 29
Cânticos umbandistas: os pontos cantados 33
Erros comuns no uso da música de terreiro 45
Saudações utilizadas no ritual umbandista 49
Ogãs – os músicos dos terreiros 55
As escolas de curimba 59
Instrumentos musicais utilizados na umbanda 63
Ayom – orixá do tambor 67

Os instrumentos consagrados e sua relação
com a excitação anímica..71

A macumba 75

A música umbandista através dos tempos....................77

A música de terreiro..85

Encontros e festivais de curimba...................................95

O hino da umbanda.. 105

A MPB de influência afro-religiosa............................. 115

Nas ondas da rádio... 137

Glossário 141

Epílogo 143

Sobre o autor... 145

Referências bibliográficas.. 147

A tradição do Tambor bem representada

A tradição de Ayan espalhou-se pelo mundo juntamente com as tradições africanas, que, pela diáspora cruel, estabeleceram nas Américas e mesmo em outros países da costa oriental e da Europa a maior disseminação de cultura já vista no planeta. Nesse sentido, os povos negros continuaram o trabalho de seus antepassados egípcios e núbios, pois de lá toda cultura humana parte.

Nas Américas, Ayan foi esquecida e foi rebatizada em Cuba com o nome de Aña, guardando valores e algumas cantigas e ritmos. No Brasil, como no passado mítico, os músicos rituais foram perseguidos, e o culto foi extinto. Sua lembrança por aqui reside apenas nos nomes de alguns tambores do Nordeste e do Sul e em alguns poucos fundamentos nos cânticos e nas danças. Os códigos se perderam.

Hoje a nossa casa, o Templo da Estrela Verde (TEV), procura reviver a Tradição do Tambor, a tradição da Deusa Branca Ayan, e percebemos que não estamos sozinhos. Há muitos honrados confrades, ainda que não tenham lavado as mãos para Ayan, que representam a tradição de canto e dança em nosso país, e Sandro da Costa Mattos é um deles. O conhecemos há muito tempo, e o que vemos é sempre dignificante, sério, decente e limpo, sem ostentação, sem a vaidade cruel que move muitos dos que fazem do tambor sagrado apenas um meio para se projetar na religião.

Meu caro leitor, saiba que este livro é uma pérola. Leia-o com atenção e verá como a música sacra de terreiro influenciou e influencia nossas vidas, mesmo que não percebamos. Uma obra necessária e pioneira que fará muita gente repensar a importância da música.

Que Ayan lhe abençoe, Sandro. Quem dança e canta com Ayan para tocar o tambor, dançará e cantará com ela para sempre. Que todo mal se afaste!

Ayan Ire O!

Alafia!

Willian Oliveira (Alayangbemi Ayankawo Obashanan)
Sacerdote do TEV, escritor e pesquisador das tradições afro-ameríndias-brasileiras

Um verdadeiro registro da musicalidade na Umbanda

Primordialmente, destaco ser motivo de enorme alegria e grande honra prefaciar a belíssima obra em destaque.

Meus caros irmãos de fé, são mais de 22 anos estudando e praticando o toque, o canto e seus fundamentos na religião de Umbanda e há quase 20 anos estudando, praticando e ensinando a arte e a cultura umbandista por intermédio da sua musicalidade. Por tais motivos, tenho a devida segurança e clareza para explicitar-lhes, com enorme convicção, que o dedicado e salutar trabalho em referência agregará valioso conhecimento ao aprimoramento de todos aqueles que têm como esteio a nossa iluminada Umbanda.

O ritual de Umbanda é rezado do início ao fim pelos pontos cantados. Estes e a música umbandista em si são preces cantadas, são acima de tudo uma forma de comunicação para tudo que acontece dentro de um terreiro, bem como para nossa conexão com a espiritualidade.

Quando iniciei, havia pouquíssimas literaturas sobre o tema, quase nada se encontrava, apenas gravações de LPs que depois se transformaram em CDs. Literatura mesmo somente o livro *3.333 pontos cantados e riscados*, e algumas outras obras com um único capítulo dedicado à musicalidade umbandista. Toda base era passada dentro dos terreiros pelos Ogãs mais antigos ou pelos dirigentes espirituais.

Havia ainda casos em que ocorria grande superação por parte daquele que era escolhido pela espiritualidade para desenvolver a fundamental missão de ser Ogã, Curimbeiro, Atabaqueiro, isso porque, às vezes, sequer existiam pessoas dentro do terreiro preparadas para o ensino dos toques e cantos.

Na referida época, as Escolas de Curimba eram as principais responsáveis pela disseminação dos fundamentos do canto e do toque dentro da religião umbandista. Estas exercem um papel fundamental desempenhado por meio de suas aulas teóricas e práticas, assim como de seus cursos de alta abrangência. Vale destacar que, atualmente, as Escolas de Curimba seguem sendo uma grande fonte e um maciço alicerce de ensinamento e propagação da cultura e do rito umbandista.

Estimados leitores, saliento-lhes que com a leitura desta sólida e enriquecedora obra é possível compreender a importância da música para o ser humano como um todo, bem como o ritual umbandista. Isso porque não há de se pensar em nossa amada Umbanda sem os pontos cantados, sem sua marcante musicalidade.

Por todo exposto, parabenizo ao meu querido irmão de fé, Sandro da Costa Mattos, pela grande contribuição prestada por intermédio do seu estudo, sua prática e pesquisa sobre a musicalidade na Umbanda. Trabalho este que com certeza irá auxiliar não somente os Ogãs, Curimbeiros e Atabaqueiros, mas, sim, todos aqueles que quiserem se aprofundar nesse exemplar registro à história da musicalidade na Umbanda.

Engels Barros Xenoktistakis (Pai Engels de Xangô)
Presidente e fundador da Escola de Curimba e
Arte Umbandista Aldeia de Caboclos

Comentários

"Parabéns por esta maravilhosa obra! Desejo a você todas as bênçãos da Espiritualidade Maior e muito sucesso por este marco histórico da Umbanda. Seu pai que te ama muito."
(Silvio Ferreira da Costa Mattos, presidente, fundador e dirigente espiritual da APEU, comendador "Cavaleiro Palmarino da Justiça e da Paz" pela Ordem das Entidades Afro-Brasileiras (OEAB) e comendador "Rei Alaketu", título concedido pela Organização Federativa de Candomblé e Umbanda das Nações do Brasil - FECUCANB)

"A musicalidade que vibra e encanta. O som instrumentalizado e cientificamente explicado em todos os aspectos. A riqueza e poesia dos pontos cantados na Umbanda, seus autores e muito mais... Parabéns, Sandro, por mais esta obra que instrui e enriquece ainda mais a literatura umbandista! Oganilu!"
(Dermeval D'Oxóssi, dirigente espiritual da Associação Umbandista Ponto de Luz (AUPL), São Paulo/SP)

"Assisti três vezes a palestra 'A musicalidade na Umbanda'. Trabalho inédito de estudo e pesquisa, idealizado e bem estruturado por nosso irmão Sandro da Costa Mattos. Em pauta, os efeitos dos sons que expandem através dos tambores e vozes dos Ogãs dos nossos terreiros. Comentar esta obra é de imensa alegria e satisfação, pois este conhecimento alcançará inúmeras pessoas, revelando a energia e a magia do som."

(Hamilton Soares de Oliveira, Ogã da Tenda de Umbanda Pai Joaquim de Angola e Mãe Maria de Angola e diretor e instrutor da Escola de Curimba e Canto Espaço do Ogã, São Paulo/SP)

"Parabenizo o Sandro Mattos por este lindo trabalho de incentivo aos umbandistas, candomblecistas e admiradores da nossa religião. Tenho orgulho de ser Ogã e fazer parte da história dos festivais de cantigas e pontos de Umbanda. É de grande importância a divulgação dos nossos guias, Orixás e entidades que trabalham para o bem da humanidade. Somente com conhecimento as pessoas se livrarão do preconceito e a intolerância terá fim. A música leva o amor ao coração do Homem. Em vários estados, como foi bem explanado pelo autor, são cada vez mais frequentes os festivais de grande repercussão para as religiões de matriz africana, surgindo novos intérpretes, terreiros e grupos que trazem ao público lindas homenagens ao nosso sagrado. Desejo que mais obras como esta sejam escritas, assim nossos irmãos, sejam da religião ou não, conhecerão nossas divindades. Unidos, somos fortes. Saravá! Peço a benção a todos que respeitam o sagrado do outro."

(Ogã Tião Casemiro, do Centro Espírita Caminho do Bem, e diretor e instrutor do Grupo Ogans em Ação, Rio de Janeiro/RJ)

"Meu estimado irmão e amigo Sandro Mattos, eu estou realmente impressionado e muito feliz por ter em mãos este material, podemos dizer, didático, da religião de Umbanda. Hoje, aos meus 79 anos, fico feliz que realmente tenha alguém, jovem como você, interessado em engrandecer cada vez mais nossa religião. Rapaz, é isso que nós estamos precisando! Nosso pessoal todo precisa entender que o mantra, o toque, o atabaque e a musicalidade na

Umbanda são fundamentais e fizeram crescer a religião. Hoje não tem ninguém que vá a um terreiro e que não fique batendo os pés quando escuta um atabaque tocar. É uma coisa impressionante! O som é fundamental em todas as religiões espiritualistas! Tudo é mantra, tudo é som que precisa, e você colocou a maravilha do som com os atabaques, mostrando a responsabilidade que um Ogã, um alabê, que cada cantor ou componente de um coral tem que ter com esse compromisso. Dou meus parabéns mesmo, Sandro! Tomara que todo mundo tenha este livro nas mãos, principalmente os terreiros que possuem seus alabês, seus atabaques, seus calofés. Repito então... meus parabéns para você e para todos que o ajudaram e o ampararam neste trabalho, porque nós precisamos é exatamente disso para dar mais seriedade, mais legitimidade à nossa religião, principalmente pelo que nós temos de mais sagrado, mais bonito, mais limpo e mais lindo que é a musicalidade, o mantra, o toque do atabaque, nossa força da religião. Parabéns, Sandro! Tem todo meu apoio, toda a minha atenção e a minha alegria por estar colocando as coisas no seu devido lugar."

(Mestre Marne Franco Rosa, sacerdote umbandista, dirigente espiritual do Reino de Juna Bomy, Balneário Camboriú/SC, ex-secretário adjunto do Conselho Nacional de Umbanda (CONDU), membro do Conselho Deliberativo Permanente da União Santamarense de Umbanda "Cavaleiros de Cristo." Santa Maria/RS, e presidente do Conselho Litúrgico do Superior Órgão Internacional de Umbanda e Cultos Afro (SOI), Lajes/SC)

Apresentação

A essência umbandista sempre fez parte da minha vida. Se não bastasse isso, desde muito cedo despertou em mim o interesse pela cultura afro, especialmente em relação aos aspectos que envolviam algum emprego musical.

Aos seis anos de idade, comecei a fazer minhas primeiras "batucadas" nos ritmos típicos da Umbanda, curiosamente, não num atabaque ou qualquer outro tipo de tambor, mas, sim, numa penteadeira que tinha no quarto dos meus genitores. Essa relação com os toques sagrados foi uma ação espontânea que se desenvolveu dos seis aos nove anos, principalmente quando eu pude ouvir *in loco* a ação mediúnica por intermédio da percussão sagrada promovida por Ogãs como Antônio Carlos Palmeira (Toninho) e Dermeval Marques Saturnino, bem como pela audição de discos antigos de pontos cantados que meu pai havia adquirido em algumas casas de artigos religiosos que existiam na época.

Aos nove anos, finalmente, resolvi entrar para a gira e fui cruzado na Lei de Pemba pelo nosso mentor espiritual, Caboclo Ubatuba, que me consagrou como Ogã na APEU, determinando que eu tocasse no atabaque de Oxóssi.

O tempo foi passando, meu pai-de-couro, Dermeval, que além de alabê era médium de incorporação com missão sacerdotal, foi definitivamente consagrado ao cargo de pai-pequeno, e, para minha surpresa, nosso mentor "passou o bastão" da curimba para mim, deixando-a sob minha responsabilidade.

Se criança eu já era um estudioso, que gostava de aprender não só a respeito das coisas da música sacra umbandista como também da religião como um todo, quando adulto, essa "sede de aprendizado" só tendeu a crescer.

Após o lançamento da minha primeira obra *O Livro Básico dos Ogãs*, recebido de braços abertos por confrades umbandistas e até mesmo por irmãos de outros cultos congêneres, no que diz respeito à crença nos Orixás e na atuação dos espíritos de luz como caboclos, pretos velhos, crianças, exus, mestres e encantados, observamos uma preocupação maior dos adeptos, sobretudo daqueles que pertenciam às curimbas das casas, em adquirir novos conhecimentos. Muitos passaram a me procurar para tirar dúvidas ou solicitar a indicação de alguém mais próximo onde poderiam absorver novas informações.

Com o passar dos anos, meus artigos e comentários foram sendo editados por revistas e jornais especializados, publicados para o nosso povo. Passei a participar cada vez mais de eventos, tanto os dedicados à religião como os formatados exclusivamente para apresentações em que a música era foco principal. Além disso, criei a que atualmente se mantém como a mais antiga web rádio de cunho umbandista e afro-religioso na capital e região metropolitana de São Paulo, a *Rádio Raízes de Umbanda*, que pode ser acessada 24 horas por dias através do link http://raizesdeumbanda.com.

E se há alguns anos eu ministrava cursos gratuitos na APEU e em outras instituições, voltados ao ensino de cânticos de Umbanda ou, de uma forma mais fechada e criteriosa, para o preparo de novos Ogãs, que me eram enviados pelos seus sacerdotes a fim de que buscassem esse aprendizado básico comigo, foi uma questão de tempo o surgimento dos primeiros convites solicitando que fossem ministradas palestras em outras casas.

Foi assim que comecei a trilhar um novo caminho para a divulgação da nossa proposta, com destaque especial à palestra "A musicalidade na Umbanda", apresentada em diversos terreiros, tendas, centros e núcleos espirituais deste nosso querido Brasil. Com esse tema bem consolidado, pensei: "Por que não melhorá-lo ainda mais e de uma forma que pudesse ser transmitido a um número muito maior de pessoas?". Baseado nisso, resolvi me aprofundar ainda mais nessa temática, pesquisando em muitas fontes, absorvendo informações vivenciadas pelos mais velhos e somando tudo isso ao meu conhecimento, podendo, finalmente, escrever este documento literário que agora se encontra em vossas mãos sob o título *A Música na Umbanda,* abrindo ainda mais esse leque, mostrando que o uso desse artifício é mais do que mágico: é ciência, espiritualidade e arte.

Dessa forma, agradeço à Umbanda por ter me dado a chance de poder evoluir juntamente com tantos irmãos, afinal só tem condições de ensinar aquele que teve a vontade de aprender e, desta forma, espero que este trabalho seja de grande proveito como material de estudo e até, por que não, de lazer, afinal a leitura é um dos caminhos que nos permite buscar orientações que nos dão o suporte necessário para trilharmos, de forma segura, o nosso desenvolvimento humano e espiritual.

Sandro da Costa Mattos

A energia do som

Ao falar de musicalidade umbandista, não podemos deixar de explicar, mesmo que de forma sucinta, o que a ciência e a história nos mostram a respeito do uso dos sons e da música através dos tempos. Temos certeza de que, após esta breve, mas importante explanação, ficará mais fácil entender o motivo pelos quais as religiões, de uma forma geral, utilizam desse recurso em seus cultos.

O som é transmitido por ondas mecânicas, produzidas por deformações provocadas pela diferença de pressão em um meio elástico (como o ar, por exemplo). Sob a ótica da Física, podemos estudar algumas de suas propriedades: velocidade, comprimento, frequência e intensidade, sendo esta última relacionada com a energia de vibração da fonte emissora. Quando uma onda sonora se propaga, ela transmite energia. Quanto maior a energia transportada, maior será sua intensidade. Poderíamos resumir dizendo que ondas de origem sonora são energia em movimento.

Mesmo num ambiente fechado, por meio de sua difração (encurvamento sofrido pela onda quando esta encontra obstáculos à sua propagação), a onda mantém seu rumo, mostrando inclusive que o som não segue, necessariamente, um caminho retilíneo. Aqui, não pretendemos nos aprofundar em fórmulas para calcular esta ou aquela equação relativa às propriedades do som, e sim mostrar que tudo aquilo que falamos ou cantamos gera energia.

Ainda falando em ciência, o fotógrafo e pesquisador japonês Massaro Emoto (22/06/1943 – 17/07/2014) realizou experiências que tinham como objetivo demonstrar o poder das palavras e do som nas moléculas da água. Embora criticado por alguns cientistas ortodoxos, seu material nos traz evidências de que essa relação realmente existe.

Massaro Emoto fotografou moléculas da água de uma nascente e de água poluída e submeteu-as à exposição de sons específicos, palavras faladas e até mesmo escritas. Observou que as moléculas deterioradas, quando expostas a músicas ou palavras positivas, conseguiam se restabelecer e voltar à sua forma original, porém o contrário também acontecia, quando os belos cristais eram afetados por sons negativos ou agressivos.

Saindo agora do campo científico e vindo para temas mais religiosos e filosóficos, a chamada "língua dos deuses", o devanágari, é baseada no som vibratório de todas as coisas, animadas e inanimadas, que existem no Universo. Nessa língua, raiz do sânscrito, cada letra tinha um som próprio, dentro de um princípio vibratório. Ela teria originado os livros sagrados dos Vedas, que compõem hinos mágicos, repetidos como mantras (ou *mantram** = plural de mantra). Considerando "mantra" uma palavra que nos impulsiona a levar nossa mente a algo, é certo que encontraremos mantras positivos e negativos. Para um religioso, o simples fato de usar o nome de um Ser Superior faz com que ele venha a relacionar-se a Ele, como, por exemplo, Buda (o iluminado), Krishna (o todo atraente) e Cristo (o ungido, o consagrado, o messias).

---

* Conforme Leal (2008).

No Novo Testamento da Bíblia Sagrada, o Evangelho de João, no capítulo I, versículo 1-4, diz: "No início era o Verbo, e o Verbo estava com Deus, e o Verbo era Deus. Tudo foi feito por Ele e nada do que tem sido feito, foi feito sem Ele. N'Ele estava a Vida, e a Vida era a Luz dos Homens". Esse trecho indica que a matéria-prima do Universo partiu do som.

A mitologia grega é rica em informações sobre técnicas terapêuticas de caráter musical, indicando que Asclépio (ou Esculápio para os romanos) tratava seus doentes fazendo-os ouvir sons considerados mágicos.

Em 1889 foi descoberto em Kahum, no Egito, um papiro de aproximadamente 4.500 anos que revelou a utilização de um sistema de sons e de músicas especiais que eram utilizadas em tratamentos de problemas variados, tanto de ordem emocional como espiritual e até física.

Por volta de 324 a.C., Alexandre, o Grande, tratou sua sanidade mental com música tocada em liras. No Velho Testamento da Bíblia, o primeiro livro de Samuel, capítulo 16, versículos 14-22, mostra que Davi tocou harpa para o tratamento mental do Rei Saul.

Uma vez que a medicina alternativa, em destaque cada vez mais crescente nos dias atuais, aceita essa e outras pesquisas semelhantes que foram e continuam sendo feitas, fica ainda mais fácil pra nós, como religiosos, levarmos em consideração essas evidências. Assim, passamos a entender melhor o motivo pelo qual todas as religiões usam do poder do som, seja através de palavras, de cânticos, de preces, de instrumentos ou de todo esse conjunto em seus rituais, inclusive na ação curadora que exercem quando utiliza uma água dita fluidificada. Se levarmos em conta que nosso organismo é composto de 70% de água, fica ainda mais claro entendermos os tratamentos ocorridos nas diversas religiões, entre elas a Umbanda, que tem nos terreiros os pontos cantados, as orações e rezas, as ladainhas, o bater das palmas e o uso de instrumentos musicais utilizados nos rituais.

Aliás, a cada dia é mais presente em nossa sociedade a utilização de técnicas que até pouco tempo atrás não eram levadas a sério, uma vez que fugiam do que era ensinado pela ciência acadêmica tradicional. Hoje vários são os tratamentos alternativos disponíveis no mercado, que vão desde terapias holísticas até a aplicação da medicina oriental. Um dos exemplos que podemos citar é a musicoterapia, que é usada em ambientes médicos, educacionais e psicossociais.

Uma pesquisa realizada em 2018, numa parceria que envolveu cientistas da UNESP, a Faculdade de Juazeiro do Norte, a Faculdade de Medicina do ABC (todas do Brasil) e a Oxford Brookes University (da Inglaterra), mostrou que a música pode intensificar o efeito de medicamentos contra a hipertensão arterial, visto que facilita a absorção do princípio ativo no organismo. Outro estudo, divulgado numa publicação de fevereiro de 2019 por pesquisadores da Universidade de Lyon, na França, revelou o aumento da dopamina (hormônio vinculado ao sentido de bem-estar, de prazer) nas pessoas que ouviam sua música favorita.

A tendência é o ser humano estudar cada vez mais tudo que envolve o som. Essa importância cresceu no início do século XX, quando surgiu a mecânica quântica e a descoberta de que tudo que existe na natureza vibra (átomos, moléculas, pêndulos etc.). Assim, passou a ser essencial compreender os fenômenos oscilatórios (entre eles o som) até mesmo para um entendimento do funcionamento do Universo. Esse conhecimento, quando bem empregado, traz cada vez mais aplicabilidades positivas ao uso desse artifício, nas mais diversas esferas da vida humana e até na manutenção do planeta.

Ruído e música

O ruído é a soma de um número grande e desordenado de frequências, como, por exemplo, uma explosão, ao passo que a música nos traz frequências convencionadas, as chamadas notas musicais. Estas são agrupadas e formam um conjunto que recebe o nome de Gama, e um conjunto de Gamas forma a Escala Musical.

A palavra "música" vem do grego *mousiqê*, que significa "arte das musas". No início, englobava a poesia, o canto, a dança, a declamação e até mesmo a matemática. Suas primeiras formas de notação foram criadas pelo monge Hucbalbo, autor do *Tratado de Harmônica Institutione*, quando este estabeleceu a pauta de quatro linhas.

Em relação às notas musicais, denominadas Dó, Ré, Mi, Fá, Sol, Lá, Si, foram difundidas por um músico italiano chamado Guido de Arezzo, que viveu no século XI. Naquele tempo, as notas não tinham nome, o que dificultava o estudo musical, mas Guido descobriu, num hino religioso em louvor a São João Baptista, a existência das sete notas musicais, que facilitou, daí em diante, o aprendizado dos seus alunos. Isso nos mostra que a música religiosa não só foi, como ainda é, de grande importância para a história.

Hino em louvor a São João Baptista[*]

Ut queant laxis Re sonare fibris
Mira gestorum Famuli torum
Solve pollute Labii reatum
Sancte Iohannes

Extraindo as iniciais dos versos, Guido obteve a sequência UT, RÉ, MI, FÁ, SOL, LÁ, SI. Mais adiante, para sermos mais exatos, no século XVII, o Papa João Baptista Doni substituiu a nota UT por DÓ (de Doni), ficando definitivamente convencionadas as sete notas musicais utilizadas até os dias de hoje.

---

[*] Traduzindo: "Para que teus servos possam exaltar a plenos pulmões as maravilhas dos teus milagres, perdoa a falta do lábio impuro, Oh São João".

Classificação dos instrumentos musicais

Podemos destacar dois tipos de instrumentos musicais: os acústicos (mais antigos e subdivididos em: de cordas, de sopro e de percussão) e os eletrônicos (compostos por sintetizadores que surgiram na metade do século XX). Utilizados desde os tempos mais remotos para a diversão e a comunicação entre tribos vizinhas, não podemos deixar de citar sua importância nos cultos religiosos de diversas culturas.

Com destaque especial aos instrumentos de percussão, pois são estes os mais usados nas religiões de origem afro-indígena-brasileira, os dividiremos em: **idiofones** (quando o som é produzido pelo próprio corpo do instrumento) e **membranofones** (quando o som é produzido por uma membrana esticada).

Os idiofones de percussão produzem o som por meio do choque entre dois corpos, sendo que podem ser percutidos por objetos distintos (a baqueta tocando num agogô) ou iguais (como ocorre na castanhola). Quanto aos membranofones, estes englobam, principalmente, os mais diversos tipos de tambores.

Deixaremos para dar um destaque maior aos tambores numa outra oportunidade. Para o momento, basta informar que a Umbanda e os cultos africanos têm no **atabaque** um instrumento de grande importância ritualística, pois ele, em suas diversas variações, conduz o ritmo do trabalho executado. Outros tambores também são utilizados, dependendo da nação em que a casa é influenciada, como, por exemplo: ilus, djambês, inhãs, n'gomas etc.

O tambor não é o único instrumento de percussão utilizado numa gira (ou engira), uma vez que encontramos outros que funcionam como auxiliares, complementando e dando um corpo mais abrangente à musicalidade da casa, encorpando o que seria a "orquestra" ou "agrupamento musical" da instituição: o agogô, o xequerê, o afoxé, o ganzá, o berimbau, o caxixi, o pandeiro e outros. Um detalhe importante a ser lembrado é que todos os instrumentos usados para fins religiosos deverão ser previamente preparados e devidamente firmados e energizados em rituais e obrigações específicas de acordo com os fundamentos de cada instituição, para que estes movimentem as energias afins às necessidades do templo ou tenda.

Outro instrumento que merece uma atenção especial por ser um dos mais utilizados pelas mais diversas religiões do mundo, entre elas a Umbanda, é o **sino**, que é um instrumento de percussão, porém classificado como um **idiofone** (cujo som emitido vem da vibração do próprio corpo do instrumento). Seu som é considerado o mais puro e objetivo quando se trata de entrar em contato com esferas divinas, além de ter o poder de purificar a atmosfera adjacente das energias negativas, por isso podemos encontrá-lo no alto de uma igreja católica, nos rituais orientais, em cultos pagãos como a wicca ou ainda como gongos meditativos da Birmânia, "tigelas cantantes" do Tibete ou nos cultos afro-brasileiros, que usam sinetas ou o adjá, que é uma espécie de sino, porém com um som um pouco mais grave devido ao tipo e à espessura do metal utilizado na sua confecção.

A música religiosa

A música é utilizada desde os tempos mais remotos como uma forma de contato entre nós, seres humanos, e a divindade, tanto que na própria Bíblia existem muitas passagens que nos mostram isso. Aliás, embora não se possa afirmar que o Homem primitivo se valia desse artifício como elemento religioso, pesquisadores da Universidade de Tübingen encontraram flautas feitas com ossos construídas no período Paleolítico médio (cerca de 35 a 40 mil anos atrás).

Quando utilizamos uma música para fins religiosos, temos como principal objetivo facilitar o contato entre nós e as esferas do astral. Esta é conhecida como música sacra. Embora esse termo tenha ficado mais conhecido pela música erudita característica da tradição judaico-cristã, outros segmentos religiosos também possuem composições usadas como arte para a transcendência espiritual.

Das flautas e harpas egípcias, passando por tablas indianas, chocalhos e tambores indígenas ou africanos, até chegarmos aos modernos instrumentos eletrônicos, a música sagrada sempre esteve presente, seja nos templos abertos em meio à natureza ou em ambientes fechados, sejam eles pequenos núcleos ou grandes e suntuosos templos, nas mais diversas culturas e sociedades durante todo o transcorrer da história humana.

O Homem percebeu que, por intermédio do som (simples ou ordenado em escalas), era possível obter uma resposta espiritual, fosse ela "Divina" ou "divinizada", afinal tal classificação é possibilitada pela associação que se faz entre a crença ou forma de visão que cada religião entende como sendo essa interação. Sabemos que, entre as classes espirituais, encontraremos seres das mais diversas escalas evolutivas, desde a mais decadente às esferas mais iluminadas, como as angelicais, indicando que a música também vibrará em posições diferentes nesse espectro, principalmente quando associada ao sentimento e ao poder da mente.

As palavras são formadas pela combinação das letras, criando um som próprio, portanto, como vimos anteriormente, vibram e geram energia. Devemos lembrar que antes de serem pronunciadas, as palavras foram, antecipadamente, criadas em nosso cérebro, gerando, obviamente, um pensamento. Este é plasmado na parte etérea dos seres (formas-pensamento), assim, quando várias pessoas estão voltadas ao mesmo foco, essa energia, também conhecida como **egrégora**, se forma no ambiente. Por essa razão, para que o som (ou, de uma forma mais complexa, a música) nos traga boas vibrações, precisa ser utilizado com critério.

Numa gira espiritual umbandista, em que as pessoas estão cantando para os caboclos de Oxóssi, por exemplo, observe que as letras nos dizem coisas a respeito das matas, das aves, da natureza, do ambiente natural desse Orixá, portanto do âmbito vibracional dessas entidades. O que acontece? Nosso pensamento acompanha o que estamos entoando, com isso formamos esse ambiente no local, ou seja, por intermédio das palavras, somadas ao nosso pensamento, conseguimos plasmar os elementos necessários para que os trabalhos sejam realizados.

Se não bastasse a força das palavras no que diz respeito à criação de todo um ambiente plasmado no local, ainda teremos a influência da música na vibração dos Orixás ou das Linhas dentro do terreiro. De acordo com Nelson C. Y. Cunha, para atingirmos uma melhor vibração harmônica, deveríamos entoar as cantigas na tonalidade própria para cada linha:

Oxalá – Mi maior.

Ogum – Fá maior.

Oxóssi – Ré maior.

Xangô – Sol maior.

Iemanjá – Si maior.

Yorimá (Pretos Velhos) – Lá maior.

Yori (crianças) – Dó maior.

Cremos que, baseados nessa explicação, algumas casas passaram a utilizar bases instrumentais que facilitam o encontro da tonalidade correta, cantando todos ou a maioria das músicas sagradas sem o acompanhamento único de tambores.

Woodrow Wilson da Matta e Silva indica que as frequências sonoras estão amplamente relacionadas à vibração de cada linha, o que pode ser muito bem observado inclusive nas letras e melodias apresentadas na maioria dos pontos a esses Orixás:

Oxalá – predispõe a paz e as coisas do espírito.

Ogum – vibrações fortes.

Oxóssi – harmonia da natureza.

Xangô – graves e baixos.

Iemanjá – suaves, renovando o emocional.

Yorimá – dolentes, às vezes melancólicos.

Yori – alegres, predispõem o bom ânimo.

Léon Denis descreve no livro *O espiritismo na arte* que: "O canto e a música, em sua íntima união, podem produzir a mais alta impressão. Quando ela é sustentada por nobres palavras, a harmonia musical pode elevar as almas às regiões celestes. É o que se realiza com a música religiosa, com o canto sacro".

Indo para as culturas mais antigas, Homero, grande historiador que precedeu Platão, afirmava que "a música foi uma dádiva divina para o Homem, pois com ela poderia alegrar a alma e apaziguar as perturbações da mente e do corpo".

Estudiosos das culturas milenares acreditavam que as "músicas da Terra" (sons naturais provindos da natureza) eram ecos ou ressonâncias da "música cósmica", portanto obedeciam às Leis Divinas, amenizando dores e outros sofrimentos, bem como promovendo saúde e cura.

Diante de tudo que foi colocado, podemos finalmente compreender por que o som e a música são artifícios importantes utilizados para a harmonização interna e externa do ser, como atividade tranquilizante e restauradora de energias, se fazendo presente nos diversos caminhos da religiosidade humana, seja por intermédio de instrumentos, do canto, das palmas, seja de toda uma mescla sonora e musical.

Cânticos umbandistas: os pontos cantados

Como foi explanado, a Umbanda, bem como as demais religiões, utiliza-se do artifício musical para atingir seus objetivos. Esse envolvimento ocorre por intermédio dos pontos cantados, que são verdadeiras preces musicadas (ou mantras, como denominam os orientais) que dinamizam forças naturais e nos fazem entrar em contato íntimo com as Potências Espirituais que nos regem, em especial, os Orixás, Guias e Protetores do Astral.

Na Umbanda, as cantigas são pronunciadas em português ou num misto deste com dialetos afros e indígenas, diferentemente do Candomblé, em que os pontos mudam de acordo com a nação raiz de cada Ilê (Kêto, Jeje e Angola). Nos Candomblés de Caboclos, ou "Roças de Caboclos", também encontraremos alguns pontos em português, visto que nestes existem manifestações de Caboclos Boiadeiros (Caboclos de Couro) e espíritos indígenas (Caboclos de Pena). Aliás, muitos dos pontos cantados hoje na Umbanda vieram desses cultos realizados, principalmente, pelos adeptos do Candomblé Angola e das chamadas "Macumbas Cariocas", em que os seguidores que viviam nos morros da Cidade Maravilhosa cultuavam seus Orixás e ancestrais em pequenos templos escondidos em locais distantes do grande centro, ou ainda nas diversas matas existentes no início do século XX.

Podemos classificar os pontos cantados de diversas maneiras, entre as quais destacamos: origem e função.

Origem

Quando enviado por uma Entidade, chamamos o cântico de **Ponto de Raiz**. Esse não pode ser mudado de maneira alguma, pois possui uma ligação fluídica e energética com o espírito que o ensinou. Normalmente é cantado pelo Guia incorporado, ou passado a um médium pela intuição musical ou pela mediunidade auditiva e, posteriormente, confirmado pelo próprio Guia ou pelo Mentor Espiritual da casa.

O exemplo a seguir é de um Ponto de Raiz cantado na Tenda Nossa Senhora da Piedade, de Zélio Fernandino de Moraes, quando acontecia a chegada do "Chefe", como chamavam carinhosamente o Caboclo das Sete Encruzilhadas. Tudo indica que seja um dos primeiros entoados na nossa religião:

Chegou, chegou,
Chegou com Deus
Chegou, chegou
O Caboclo das Sete Encruzilhadas

Existem também os **Pontos Terrenos**, que são aqueles criados, propositalmente, por pessoas que de alguma forma querem homenagear determinado Orixá, Linha ou Guia ou para a utilização em momentos especiais, seja em rituais específicos ou para saudar alguém da religião. São bem-aceitos desde que pautados na razão e no bom senso daqueles que os criam, pois palavras indevidas podem abrir portas para as forças negativas do astral.

Um exemplo de Ponto Terreno foi escrito pelos alunos da 7ª turma do curso de cânticos da APEU:

Agradecimento ao Alabê

Eu venho aqui,
Venho aqui agradecer
Ao nosso irmão querido Alabê
Muito obrigado por nos ensinar
A cada dia amar mais os Orixás
Pai Oxalá que nos guiou
E nos deu todo esse amor
Seu Ubatuba que aqui nos acolheu
Olha a curimba desse filho seu

Função

Os pontos são classificados também quanto a sua função dentro do ritual ou mesmo para uma ocasião especial. Assim temos entre as classificações: pontos de abertura e encerramento dos trabalhos, pontos de firmeza, de descarrego, sotaque, de agradecimento, pontos de chamada e subida das entidades, para saudar os sacerdotes, Ogãs e outros médiuns etc. Ainda neste capítulo, destacaremos as principais funções, explicando cada uma delas. Por enquanto basta sabermos que cada cantiga tem sua utilidade nos trabalhos espirituais realizados.

Em relação às diversas formas de se classificar uma cantiga sacra umbandista, observamos que esta ainda pode ser subdividida em **Ponto de Louvação** ou **Ponto de Saudação**. Muitos poderão perguntar: mas isso não é a mesma coisa? Explicaremos aqui que não. Observe:

Os **Pontos de Louvação** são entoados em homenagem aos Orixás, Guias e Mentores Espirituais, ao passo que os **Pontos de Saudação**, além de homenagear os Seres Espirituais, são utilizados para saudar a religião, o Peji (altar, congá), os sacerdotes, Ogãs e outros convidados do terreiro. Quando destinados aos Orixás e Guias, fica difícil separar os pontos de louvação dos de saudação, visto que, de modo geral, os cânticos em louvor não deixam de ser uma forma de saudar a quem se deseja homenagear.*

Os pontos de louvação e saudação ainda poderão ser classificados em:

Pontos primitivos (ou diretivos): são aqueles que correspondem à vibração e ao campo de atuação de apenas um Orixá. Exemplos:

Ponto de Iemanjá

Saravá sereia linda, saravá Mãe Iemanjá,
Que ao chegar nas sete ondas
Suas bênçãos vêm nos dar
(bis)
Mãe Iemanjá, Mãe Iemanjá,
É a luz da Estrela-Guia
Que clareia sobre o mar
(bis)

Ponto de Oxóssi

A mata estava enfeitada
Toda coberta em flor
E os passarinhos cantam Oxóssi
Em seu louvor

---

* De acordo com o Dicionário de Aurélio Buarque de Holanda: **louvar** (latim = *laudare*) é exaltar, glorificar, dirigir elogios a alguém, decantar-lhes os méritos, aprovar, aplaudir; saudar (latim = *salutare*) significa cumprimentar, salvar, dar a alguém o testemunho exterior de atenção, civilidade e respeito, felicitar, festejar e aclamar.

(bis)
Juriti piou, piou, piou
Juriti piou
Juriti piou, Oxóssi
Em seu louvor
(bis)

Pontos cruzados: trazem a vibração de duas ou mais linhas (ou Orixás). A maioria traz como característica estar mais voltado a um dos Orixás saudados, porém existem aqueles que não determinam essa influência maior, trazendo e movimentando as energias de todas as forças saudadas, como, por exemplo, num cântico para as Sete Linhas de Umbanda. Exemplos:

Ponto Cruzado de Iemanjá com Oxum, Iansã e Nanã

Oi viva Oxum, Iansã e Nanã
Mamãe Sereia, viemos louvar
(bis)
Oi me leva, pras ondas grandes
Eu quero ver a sereia cantar
Eu quero ver os caboclinhos na areia
E as ondinas de Iemanjá
Ô aruê, ê, êê
Ô aruê, Mamãe é dona do mar
(bis)

Ponto Cruzado de Oxóssi e Ogum

Oxóssi assobiou pra passar no Humaitá
(bis)
Foi falar com Ogum Megê o mensageiro de Oxalá
(bis)

Ponto de chamada das forças de Umbanda (cruzado)

Quando o caboclo cata a folha da Jurema
E o preto velho traz arruda e guiné
Eles vêm trabalhar na Lei de Umbanda
Têm licença de Aruanda
Pra salvar a quem tem fé
(bis)
E o sabiá canta alegre na palmeira
E Xangô lá na pedreira
Por seus filhos vai chamar
Meu Pai Ogum empunhando a sua espada
Manda o toque da alvorada
Toda linha vai chegar
(bis)

Ponto das Sete Linhas de Umbanda

No céu, a estrela-guia
Brilhou, brilhou tão linda
Saravá, saravá Mãe Iansã
Saravá Xangô e Oxalá
(bis)
Salve o congá de Oxóssi
Salve o congá da Jurema
Saravá o rei da mata
Onde canta a siriema
Saravá Oxumarê
Pai Ogum no Humaitá
Ibeji lá no jardim
Mamãe Oxum e Iemanjá
Nanã, ou Nanã
Saravá, saravá

A rainha das ondas,
Sereia do mar
(bis)

Além dos pontos de saudação e louvação, a Umbanda utiliza pontos em diversos momentos dos seus ritos, seja por motivo religioso ou social. É chegada a hora de explicarmos os diversos tipos de pontos utilizados numa gira. Suas **funções** são as mais variadas e alguns podem até servir para mais de uma, dependendo do momento e da ótica colocada. Explicaremos aqui, de forma bem sucinta, a respeito de algumas dessas classificações.

Pontos de abertura: aqueles entoados do início dos trabalhos até a chegada do mentor espiritual da casa.

Vou abrir minha Jurema, vou abrir meu Juremá – (bis)
Com licença de Mamãe Oxum e Nosso Pai Oxalá – (bis)
Santo Antônio é de Ouro Fino,
Arreia a bandeira e vamos trabalhar
(bis)

Pontos de firmeza: usados para elevar o nível vibratório e energético dos trabalhos espirituais, bem como para preparar o ambiente para a chegada das entidades espirituais antes dos pontos de chamada.

São Benedito que é o dono desta casa
São Benedito que manda neste congá
(bis)
Valei-me meu Pai, valei-me
Mandai suas forças pra seu filho saravá!
(bis)

Pontos para o fechamento dos trabalhos espirituais: para encerrar a gira.

Vamos encerrar a nossa gira
Com licença de Oxalá
(bis)
Salve Iemanjá, salve Xangô
Mamãe Oxum, Nanã Buruquê
Salve Cosme e Damião,
Oxóssi, Ogum, Oxumarê
(bis)

Pontos de descarrego (entre eles o de defumação): para quebra de energias negativas e limpeza espiritual.

Preto Velho vem de Aruanda
Vem salvar filhos de Umbanda
(bis)
Risca ponto, queima fundanga
Preto Velho vence a demanda
(bis)

Pontos de cura: para tratamentos de doenças físicas, mentais e espirituais.

A gente pede pras almas
As almas pedem pros santos
Os santos pedem pra Deus
Para curar os filhos seus

Pontos de coroa: vinculados ao mentor da casa ou aos Orixás regentes do terreiro. Também associados à entidade mentora de determinada linha na tenda umbandista.

Eu fui ao céu, vi uma estrela correr
E na pedreira, eu vi pedra rolar
Vi meus caboclos dançando lá na areia
Mamãe Sereia começou cantarolar – (bis)
E no seu canto ela sempre dizia
Que só queria ter asas pra voar
Pra ir ao céu buscar a estrela que brilha
*Pro Seu Ubatuba*** enfeitar o seu congá*

Pontos para rituais de iniciação, fortalecimento e coroação de médiuns: obrigações em que os médiuns passam na sua trajetória religiosa.

Coroa, minha coroa
Que Jesus me deu,
Oh! Minha coroa
Coroa seus filhos, minha coroa
Coroa de glória

Pontos de demanda: para combater energias provindas de espíritos e sentimentos negativos, trabalhos de feitiçaria e magia negra.

Querem destruir o meu reinado
Mas Ogum tá de frente, mas Ogum tá de frente
(bis)
Eu sou filho de Ogum
O meu corpo é fechado
Eu sou filho de Ogum
E feitiço nenhum vai virar pro meu lado
(bis)

** Colocar o nome do mentor espiritual do terreiro.

Ponto sotaque: também conhecido como "ponto de desafio", tem a intenção de combater alguém que queira disputar forças com a casa ou com os sacerdotes e Ogãs. Empregado de forma errada, pode gerar consequências desastrosas para quem o utiliza ou para o desafiado. Para usar esse tipo de ponto, é necessário conhecimento a respeito do sentido, muitas vezes oculto, das letras dessas cantigas, bem como das energias que estas irão movimentar quando entoadas. Existe também o que poderíamos chamar de "desafio saudável", que mais do que uma disputa para saber quem é o "melhor" é uma espécie de brincadeira entre Ogãs, mais comum nas roças de caboclos.

Quem pensa que o céu é perto
Nas nuvens não vai chegar
E os anjos vão dar risada
Da queda que vai levar

Pontos para visitas e confraternizações: é uma tradição da Umbanda que tendas e irmãos de fé visitem ou recebem membros de outras casas, pessoas de destaque na sociedade ou irmãos de outras religiões.

Oxalá meu Pai
Aceite esta romaria
(bis)
Seus filhos que vêm de longe, meu Pai
Não podem vir outro dia
(bis)

Pontos curingas: podem saudar mais de uma Entidade.

Em cima daquela serra, eu vi pedra rolar – (bis)
Eu vi *Seu Pena Verde* e *Arariboia* embalançar – (bis)***

Pontos de chamada e despedida das entidades espirituais: para trazer/solicitar a "subida" dos Guias de Luz.

Ela vai embora, vai pedir ao padroeiro
Deixar forças nessa cruz, deixar forças no terreiro

Os exemplos citados foram colocados para que tenham uma pequena amostra das diversas funções das sacras cantigas utilizadas nos terreiros. Poderíamos ainda ter citado outros, como pontos de adubalê (ato de se prostrar e bater cabeça em reverência ao congá), para saudar sacerdotes e Ogãs, cruzamento de terreiro, batismo, casamento, confraternização etc., mas este não é o único objetivo deste livro nem daria para ser, até porque o ritual umbandista é dinâmico e complexo, e a quantidade de cantigas é enorme. Para se ter uma ideia, ministro um curso gratuito na APEU que dura cerca de doze meses, para ensinar aproximadamente 600 pontos cantados, o que é um número diminuto diante da grandeza que existe na arte musical aplicada na Umbanda, que é, sem dúvida, uma fonte inesgotável, de onde bebemos não só das raízes transmitidas pelas entidades ao longo dos anos, desde o início dos cultos afro-indígenas-umbandistas (e até mesmo anteriores a isso), mas também das novas inspirações recebidas por tantos irmãos contemporâneos que servem como receptores das mensagens cantadas do astral, ou como compositores de maravilhosas melodias pautadas na razão e no sério trabalho que a religião manifesta nos seus milhares de templos espalhados pelo Brasil e pelo mundo.

*** Utilizado para saudar diversos caboclos numa única cantiga.

Uma vez colocada a importância da música na relação com o sagrado e sua resposta aos trabalhos realizados, cremos que ficou muito claro que é de extrema importância que todos os membros de uma engira saibam cantar os pontos utilizados no terreiro e, mais ainda, que a casa tenha um repertório mínimo que abranja as possíveis necessidades ritualísticas, indo dos chamados pontos de saudação aos pontos especiais, menos utilizados, como aqueles que são cantados em situações incomuns aos trabalhos normais, como, por exemplo, num casamento, em visitas especiais ou em rituais como amaci e coroação.

Erros comuns no uso da música de terreiro

Infelizmente, muitas vezes nos deparamos com "curimbas" sem nexo, sem nenhum sentido em suas mensagens, às vezes com frases ilógicas, sem fundamento espiritual e que, por conta disso, acabam ridicularizando nossa religião. Erros grotescos ocorrem e podem ser vistos, principalmente, nas giras de Exus, onde muitas casas utilizam pontos com termos que impressionam o público presente, como "inferno", "caixão de defunto", "exu com duas cabeças", "morto que geme" e até mesmo "satanás", "Lúcifer", "diabo" etc. Muitos desses pontos foram inseridos nos primórdios da Umbanda, pois os Exus eram entidades que ainda precisavam se adaptar aos fundamentos e à egrégora dessa nova religião.

Hoje, analisando friamente, esse tipo de mensagem não faz mais sentido, a não ser que a Umbanda fosse voltada à prática do mal, o que qualquer umbandista com o mínimo de conhecimento sabe que não é. Palavras assim, ou mesmo voltadas à sexualidade e de baixo calão, na verdade nos trazem energias negativas, relacionadas aos espíritos trevosos, conhecidos como *quiumbas* e *rabos de encruza*, bem diferentes das qualidades de Exus que buscamos para atuar em nossas casas espirituais. Por essa razão, cabe ao responsável por entoar os cânticos um grande conhecimento de sua função, para não trazer, mesmo que ingenuamente, problemas para todos na tenda.

Além disso, é relevante destacar que o "povo do santo", como muitas vezes são chamados os adeptos da Umbanda, do Candomblé, do Batuque e das demais religiões que possuem influência afro, ainda luta constantemente contra o preconceito inserido na sociedade, motivado por seitas eletrônicas que associam essas religiões a cultos demoníacos. Imagine o que pensaria uma pessoa que visita um terreiro pela primeira vez e escuta um ponto com as palavras citadas acima, no mínimo poderia entender que aqueles que nos combatem, demonizando nossa fé, possuem total razão, afinal, como conseguiríamos negar aquilo que ela própria viu e ouviu?

A seguir, daremos um exemplo típico de ponto, herança das Quimbandas, que por muito tempo foi usado nas giras de esquerda em muitos terreiros de Umbanda, mas que hoje, diante do que sabemos a respeito da energia das palavras e das vibrações que elas nos proporcionam, não deve mais ser usado quando buscamos a incorporação de Exus de Lei:

Rodeia, rodeia
Rodeia, meu Santo Antônio, rodeia
(bis)
Santo Antônio Pequenino
Amansador de burro bravo
Quem mexer com Exu-Caveira[*]
Tá mexendo com o Diabo

Se você não crê na força negativa que uma cantiga pode trazer por conta de tudo que foi aqui explanado, ao menos ajude a diminuir essa visão errônea que, muitas vezes, ainda está incrustada nos

---

[*] Ponto usado para saudar diversos Exus.

próprios umbandistas de que Exu e a figura negativa do Diabo são vibrações afins, pois sabemos que isso não é verdadeiro.

Outro cuidado importante é não cantar música popular como se fosse ponto cantado. Nas andanças, visitando terreiros aqui e acolá, bem como em eventos e filmagens disponíveis na Internet, vi e ouvi muita coisa desse tipo. Já presenciei, em giras do povo baiano, cantarem "Asa Branca", sucesso da música nordestina imortalizado na voz de Luiz Gonzaga, ou ainda, numa gira do povo cigano, "O Amanhã", de João Sérgio, que foi apresentado no carnaval de 1978 pela União da Ilha do Governador e que depois foi regravada pela cantora Simone. Não podemos confundir uma música popular com algo sagrado só porque esta trata de um tema voltado a alguma sociedade que também tem seus espíritos cultuados em nossos ritos.

Asa Branca (Luiz Gonzaga e Humberto Teixeira)

Quando olhei a terra ardendo / Qual fogueira de São João / Eu perguntei a Deus do céu, ai / Por que tamanha judiação / Eu perguntei a Deus do céu, ai / Por que tamanha judiação / Que braseiro, que fornalha / Nem um pé de plantação / Por falta d'água perdi meu gado / Morreu de sede meu alazão / Por farta d'água perdi meu gado / Morreu de sede meu alazão / Até mesmo a asa branca / Bateu asas do sertão / Depois eu disse adeus, Rosinha / Guarda contigo meu coração / Depois eu disse adeus, Rosinha / Guarda contigo meu coração / Hoje longe, muitas léguas / Numa triste solidão / Espero a chuva cair de novo / Pra "mim" voltar pro meu sertão / Espero a chuva cair de novo / Pra "mim" voltar pro meu sertão / Quando o verde dos teus olhos / Se espalhar na plantação / Eu te asseguro não chore não, viu / Que eu voltarei, viu / Meu coração / Eu te asseguro não chore não, viu / Que eu voltarei, viu / Meu coração

O Amanhã (João Sérgio)

A cigana leu o meu destino / Eu sonhei! / Bola de cristal/ Jogo de búzios, cartomante / E eu sempre perguntei / O que será o amanhã? / Como vai ser o meu destino? / Já desfolhei o malmequer / Primeiro amor de um menino / E vai chegando o amanhecer / Leio a mensagem zodiacal / E o realejo diz / Que eu serei feliz, sempre feliz / Como será amanhã? / Responda quem puder / O que irá me acontecer? / O meu destino será / Como Deus quiser

Por outro lado, temos alguns pontos que depois vieram a ser gravados como se fossem músicas populares. E esses, como já eram cantigas de terreiro, não perderam sua essência, devendo, portanto, continuar a ser utilizados nos rituais. Voltaremos a falar sobre esses pontos que foram gravados como música no capítulo em que trataremos da história da música umbandista no mercado fonográfico.

Uma vez que a quantidade de pontos cantados nos diversos terreiros de Umbanda é cada vez maior, levando-se em conta o redescobrimento de cantigas antigas e o surgimento de novas melodias, sugerimos para que as tendas possuam uma espécie de hinário ou livro de pontos, com seu conteúdo devidamente classificado para auxílio dos curimbeiros. Além disso, sempre que possível, é bom agendar datas para o ensaio geral dos membros da corrente mediúnica, principalmente daqueles que fazem parte da curimba da casa.

Saudações utilizadas no ritual umbandista

Normalmente, os adeptos dos cultos afro-brasileiros e da Umbanda direcionam as energias necessárias ao ritual por intermédio de mantras apropriados. Assim, antes de começar a cantar qualquer ponto, é necessário que se faça uma **saudação**, que funciona como uma "chave" que liga o ser humano diretamente às vibrações a qual a música se destinará.

Os estudiosos que buscaram as origens dessas saudações nos mostraram, pela literatura, que elas sofreram mudanças desde sua forma original. Alguns nos indicam que essas alterações aconteceram na África e que, mais tarde, ainda foram abrasileiradas, visto que a Umbanda nasceu em solo nacional. Por essa razão, podemos notar algumas diferenças, principalmente quanto à grafia das saudações utilizadas pelos umbandistas e aquelas usadas pelos praticantes das religiões de origem africana.

Em nossas pesquisas, chama a atenção o choque de informações quando se procura saber as traduções de cada saudação. O que percebemos é que o termo "yè" (ye ou abrasileirado para "ie") significa "salve", por isso é tão presente na maioria das saudações. Exemplos:

Laróyè! – Salve Exu!
Ògún yè! – Salve Ogum!

Outro termo encontrado em algumas cantigas é o ARUÊ!, que significa SALVE! no dialeto Kiribum Kassanje, de origem na Nação Angola.

Saravá! Um mantra especial na Umbanda

Um cuidado importante que deve ser tomado é que, sendo palavras que ativam energias afins, não podemos inventá-las, ou seja, criá-las conforme a nossa vontade. Assim, em caso de dúvida ou quando não se sabe determinada saudação, o ideal é utilizar o termo **"SARAVÁ"** (que também significa "Salve"), pois este é um mantra especial, o maior e mais eficaz entre os utilizados na Umbanda.

Dividindo a palavra, teremos:

SA = força, Senhor
RA = reinar, movimento
VA = natureza, energia

Assim, poderemos definir o termo, entre outras possibilidades baseadas nas traduções e combinações que cada parte significa, como: "força que reina na natureza", "força que movimenta a natureza", "força que movimenta a energia", "o Senhor movimenta a energia".

Como o mantra indiano "NAMASTÊ" (o Deus que tem dentro de mim saúda o Deus que tem dentro de você), a saudação "SARAVÁ" também é utilizada no sentido de desejar à outra pessoa ou espírito "a presença viva da Força Divina". A origem dessa palavra se perdeu no tempo, mas alguns pesquisadores indicam que o termo atual é uma corruptela de *Iaoava* (Iaô e Ava, ou seja, eterno masculino e eterno feminino).

Entre os Orixás e Linhas de Umbanda, eis as saudações mais utilizadas:

Exu: Laroiê! Exu é Mojubá! Exu-ê! Mojibá! Alupandê!
Iansã: Eparrei! Epahei Oyá!
Ibeji ou Yori: Amin-Ibeji! Ori-Ibeji! Amin-Bejada! Onibejada! Salve os Anjos! Erê-my!
Iemanjá: Odô-siá! Odô-sia-bá! Odô-yá! Odô-fê-iabá!
Nanã: Saluba Nanã!
Obaluaê ou Omolu: Atotô! Ajuberô!
Ogum: Ogunhê! Ogunhê Meu Pai! Ogum-iê! Patacori Ogum! Jéssy-Jéssy!
Oxalá: Exê-Babá! Epa-Babá! Exê-uê-Babá!
Oxóssi: Okê-Arô! Okê-Odé! Okê-Bambi-o-clime! Arolê!
Oxum: Aieie-ô Mamãe Oxum! Oraie-iê-ô!
Pombagira: Laroiê Bombogira! Tala Talaia!
Xangô: Caô Cabiecilê! Kawo-Kabyecilé! Obánixé Caô! Caô Cabecilhe.
Zambi: Zambi-iê!
Almas: Adorei as Almas! É pras Almas!
Baianos: Keodé a Bahia! É pra Bahia! Ode-o-dé a Bahia! Valei-me Senhor do Bonfim!
Boiadeiros: Jetruá! Xetuá! Xetruá! Xêto-Marrumba-Xêto!
Caboclos: Okê-caboclo!
Ciganos: Arriba!
Marinheiros: Mari-Babá!
Orientais: Ori-Babá!
Tupã: Tupã-iê!
Yorimá ou Iofá (Pretos Velhos): Adorei as Almas! É pras Almas!

Além das saudações das vibrações mais comumente louvadas na Umbanda, citamos aqui a forma correta de saudar outros Orixás, menos cultuados, mas também devotados por muitos irmãos de fé:

Logunedé: Logun! Ou-oriki!
Obá: Obá-Xirê!
Ossaim: Eô-eô! Ewé-àsà!
Oxumarê: Aro-Boboi! Aro-Moboi! Ao-Boboi!
Tempo: Tempo-iô! Zara-Tempo!

Ainda temos saudações próprias para:

Babalaô e Babá: Auê-Babá! Babá-okê!
Defumação: Cheirou na Umbanda!
Mãe-pequena: Auê-Miri-Cy!
Ogã: Ogã nilu!
Pai-pequeno: Auê-Miri-Babá!
Reverência ao Congá: Adubalê-Peji!

Existem ainda algumas expressões especiais que poderão ser utilizadas em algum ritual ou quando do contato entre umbandistas e participantes das religiões de origem afro:

Agradecimento: Adobá!
Ao chegar em uma casa: Okê-Olorum!
Ao sair de uma casa: Olorum-Didê!
Comida: Ajeum!
Licença recebida: Agô-yê! Agô-yá!
Pedido de licença: Agô!
Pedido de perdão: Maleme! Maleime!

Como citamos anteriormente, as traduções se divergem de acordo com os diversos escritores, porém, para exemplificar, podemos colocar algumas expressões utilizadas para saudar os Orixás, especialmente no idioma iorubá:

Ossaim: Ewé ó! Exé àsà! – Oh, as folhas! A folha é a tradição!
Omolu: Atótóo! – Silêncio
Oxalá: Eèpàà Bàbá! – Respeitos ao Pai
Xangô: Ká wòóo, ká biyè sí! – Podemos olhar vossa majestade real?

Estes são apenas alguns exemplos, lembrando que por se tratar de um idioma africano, a escrita não representa a mesma leitura utilizada nas palavras em português. Quanto à palavra "Umbanda", esta apresenta diversas supostas origens, entre as quais destacamos, a seguir, o que foi colocado por alguns escritores e pesquisadores da nossa religião.

Woodrow Wilson da Matta e Silva buscou no alfabeto adâmico ou Vatan símbolos que traduzidos nos traziam a seguinte fonética: OM, UM ou AUM (significa Supremo Espírito) + Ã, AN ou BAN (Princípio ou Conjunto) + AD ou DA (Lei, Natureza, Ligação), gerando "Conjunto das Leis Divinas".

Roger Feraudy, também se utilizando do Vatan, chegou na "AUMBANDÃ", porém, entendendo-se que se tratava da Lei Divina ou da Lei Suprema, por meio de operações cabalísticas e do uso do idioma adâmico ou devanágari, chegou ao termo "AUMPRAM".

Diamantino Coelho Trindade apresentou no 1º Congresso de Umbanda em 1941 o termo "AUM-BANDHÃ" (com H), em sânscrito, que significaria "Princípio Divino". Grafia semelhante foi manifestada por Hercílio Maes na obra *Missão do espiritismo*, psicografada pelo espírito de Ramatís em 1967.

Outra colocação bastante aceita é de que a palavra "Umbanda" seja de origem africana, mais precisamente Banto, em idioma Kimbundo, e significa "O Maioral", "O Senhor", "O Curandeiro" ou "O Feiticeiro". Expressões como "Tata Umbanda" ou "Embanda" são encontradas no vocabulário do Candomblé Angola, que seria "Pai Curandeiro" ou "aquele que cura".

Para Arthur Ramos, antropólogo e etnógrafo, os termos "Quimbanda", "Umbanda" e "Embanda" seriam variações de um mesmo título sacerdotal, oriundos da palavra *Mbanda*.

Ogãs – os músicos dos terreiros

Os responsáveis pela curimba de um terreiro de Umbanda são os Ogãs, que são médiuns que possuem uma função especial, ou seja, buscar e manipular energias necessárias aos trabalhos especiais por intermédio da música (canto e toque). Possuem hierarquia própria e devem ser respeitados tanto quanto os sacerdotes.

Chamamos de Ogãs naturais aqueles que nasceram com esse dom e foram por isso escolhidos ou indicados por uma entidade mentora na Umbanda ou pelo Orixá nos cultos de nação africana. No grupo de Ogãs, é importante ter um que seja responsável pelos demais, o chamado Alabê (Ogã chefe). Os demais são os Ogãs Calofés (já com certo desenvolvimento, que cantam e tocam atabaques e outros instrumentos), Ogãs Berês (iniciantes) e os Ogãs auxiliares (que tocam outros instrumentos que não os atabaques).

Devem ter em mente que não basta saber cantar e tocar um instrumento, pois também se faz necessário o conhecimento sobre a religião e as forças que esta utiliza. Para isso, é importante um estudo constante, buscando sempre o aprimoramento, tanto doutrinário, como técnico. Com dedicação e entrega total à sua missão, poderão desenvolver habilidades que os proporcionam tocar o maior número de ritmos e ter em sua "bagagem mental" uma quantidade razoável de cânticos (pontos cantados), que poderão ser utilizados, se necessário, nos trabalhos espirituais, principalmente os verdadeiros pontos de raiz, que, enviados pelos espíritos de luz, movimentam as energias corretas para se obter o resultado desejado.

Na Umbanda existe ainda a figura do Curimbeiro ou Atabaqueiro, que, diferentemente de um Ogã natural, aprendeu com técnicas e muito treinamento os diversos toques adotados no ritual. Este tem papel importante, especialmente para as casas que não possuem um Ogã para comandar o campo musical da instituição. Também chamam de curimbeiro o chamado "Ogã de canto", que não toca nenhum instrumento, mas é responsável por "puxar" (interpretar) os pontos cantados.

Além disso, é importante salientar que na Umbanda, diferentemente do que acontece nos cultos oriundos de nações africanas, é permitido que mulheres toquem os atabaques. Outra diferença marcante está em encontrarmos Ogãs que também possuem outros dons mediúnicos, inclusive o da incorporação ou psicofonia, proibido, por exemplo, no Candomblé, que diferencia o homem da função de Ogã do médium "rodante" (aquele que, nos termos comuns usados nos Ilês, "bola no santo" ou incorpora).

Na Umbanda cultuada nas regiões Sudeste e Centro-Oeste do Brasil, os toques utilizados possuem grande influência do Candomblé Angola. Por isso, encontraremos as cantigas tocadas nos ritmos: ijexá, nagô, barravento, congo-nagô, angola, cabula, congo, cabula-jongo, marcação (toque característico influenciado diretamente pelo toque usado na chamada "Umbanda Antiga") etc. Já na Umbanda das regiões Sul, Norte e Nordeste, destaca-se a influência do Batuque, com toques como odé, aré, odã, alacori, gegê, aguerê etc. Os terreiros oriundos da linhagem do chamado "Tronco-Tupy", desenvolvido pelo Caboclo Mirim, usam apenas um toque que, de acordo com os ensinamentos do mentor, mantém os médiuns em equilíbrio energético, visto que o ritmo é baseado nas batidas do coração.

Ser Ogã
Sandro da Costa Mattos

Não é apenas ser aquele que toca o atabaque ou outro instrumento, pois vai muito além de ser apenas um percussionista.

É ter tido a dádiva de ser um escolhido dos Orixás para fazer a conexão com o Sagrado através do poder universal do som.

É ter em suas mãos e na sua voz o poder de invocar o Divino.

É ter conhecimento para movimentar as energias necessárias para o bom andamento dos trabalhos espirituais.

É saber comandar uma gira e ter a percepção para atender às necessidades dos Mensageiros de Luz, sabendo usar cada cantiga e toque na hora certa.

É sentir o instrumento como extensão do próprio corpo na hora do toque.

É sentir saudade do couro, do toque e do canto.

É amar sua religião e lutar por ela.

É ter Dignidade, Comprometimento, Responsabilidade e Seriedade com sua missão.

Ser Ogã é amar o que faz.

Ogãnilu!

As escolas de curimba

Através dos tempos, rezou a tradição que os instrumentistas de um terreiro deveriam ser formados dentro do próprio núcleo, porém, embora essa prática ainda seja presente em algumas casas, principalmente nas mais antigas ou que possuem forte presença das tradições da religião, o que notamos cada vez mais é a procura pelo aprendizado nas chamadas "escolas de curimbas". Por essa razão, é importante refletir: qual é a verdadeira função de uma escola de curimba?

Essas escolas surgiram com a intenção de criar percussionistas que pudessem auxiliar suas casas, visto que muitas tendas umbandistas percebiam uma certa dificuldade em encontrar Ogãs missionários para comandarem esse departamento dentro do terreiro. Confessamos que, tempos atrás, tínhamos uma posição totalmente contrária a esse tipo de escola, uma vez que, a nosso ver, um verdadeiro Ogã nasce com essa missão preestabelecida pelo Astral Superior, o que é real diante dos ensinamentos passados tanto pelos sacerdotes mais velhos quanto pelas entidades.

Sabemos que existe uma diferença muito grande entre ser um percussionista e um Ogã, pois, como foi dito, este tem uma mediunidade diferenciada, voltada para a ativação e manipulação de determinadas energias por intermédio da música. Se assim não fosse, poderíamos imaginar o que aconteceria numa apresentação de escolas de samba, em que inúmeros percussionistas tocam ao mesmo tempo, muitas vezes, com músicas que retratam, inclusive, as forças dos Orixás: seria um "Deus nos acuda", pois muitos ficariam irradiados e incorporados! Evidentemente isso não acontece, pois são apenas percussionistas, e não Ogãs agindo como tal.

No entanto, ao visitar algumas dessas instituições, notamos certa similaridade quanto ao que ocorre durante os cursos, que começam com um número grande de alunos e, pouco a pouco, a quantidade de pessoas diminui, e no final o que se vê é um número reduzido de formandos. Isso é normal, pois o que ocorre na verdade é uma seleção natural, em que apenas os irmãos que possuem essa mediunidade musical para ser um Ogã conseguem se firmar e completar o estudo (exceto alguns casos em que a pessoa, tomada por uma imensa vontade de aprender, consegue o êxito, porém sem que isso a faça ser um Ogã natural, mas, sim, um Curimbeiro).

Nota-se que, ao invés de se "criar" Ogãs, a escola, na verdade, tem a função de lapidar uma "pedra bruta" que, muitas vezes, estava escondida, ou seja, ela descobre pessoas que possuem esse dom e que não tinham conhecimento disso. De qualquer forma, o ideal é que seja feito um teste, ou seja, que um período mínimo de observação seja colocado para que se tenha a certeza de que esse aluno tem aptidão, a facilidade típica de quem tem o dom, para aprender o mínimo necessário para tocar uma gira.

Algumas pessoas podem levantar a seguinte questão: aquele que pela força de vontade finalizou o curso, mas que não tem o dom, poderia tocar no terreiro? Em determinadas situações, sim. Considerando sua motivação, fé, perseverança e seu respeito, as entidades poderão colocar esse médium para compor o grupo de músicos da casa, mas essa posição deve ser tomada pelos espíritos de luz, ou pelo sacerdote, pois eles sabem a quem poderão confiar tamanha responsabilidade.

Diante do que encontramos em nossas pesquisas, a primeira escola de curimba paulista foi criada por Nilton Fernandes, na cidade de São Paulo, em 11 de julho de 1979 (embora funcionasse de forma não oficial desde 1975), e recebeu o nome do fundador do Primado de Umbanda do Estado de São Paulo, **Félix Nascente Pinto**. Infelizmente, não podemos afirmar se esta também é a escola mais antiga do Brasil, mas com certeza se destacará entre uma das mais antigas. Ganhou grande notoriedade no 1º Festival de Curimbas de São Paulo, sendo a curimba oficial do Superior Órgão de Umbanda do Estado de São Paulo no 3º Congresso Paulista de Umbanda. O trabalho desenvolvido pela Escola Félix Nascente Pinto incentivou o surgimento de outras escolas em vários estados do Brasil, especialmente no eixo Rio-São Paulo. Destacamos também o trabalho feito por Pai José Valdivino de Alafin (1934-2010) à frente da Escola de Curimba Umbanda e Ecologia, uma vez que foi o responsável pela formação de nomes como: Miro de Xangô, Engels de Xangô, Severino Sena, dentre outros.

No início, a meta desse tipo de aula era ensinar o básico sobre os toques e algumas cantigas utilizadas nos terreiros. Com o passar do tempo, foi necessário incluir informações sobre ética e postura. Felizmente, percebemos que, após o lançamento de obras especializadas sobre a função dos Ogãs e Curimbeiros, dentro os quais destacamos *O livro básico dos Ogãs*[*], novas orientações passaram a ser inseridas em muitos cursos onde existia essa lacuna, uma vez que seus instrutores perceberam a importância de o aluno conhecer o mínimo necessário sobre alguns fundamentos e cuidados a serem tomados para a manutenção física e espiritual do conjunto de instrumentos da casa.

Nos dias atuais, o número disponível de informações é muito vasto, sendo que, para ampliar a visão musical e teológica dos interessados, até mesmo cursos de especialização e extensão surgiram,

---

[*] Primeira obra sobre o assunto, de minha autoria, lançada em 2005 pela Ícone Editora.

inclusive com chancela universitária, facilitando ainda aos que possuem dentro de si a sede de adquirir novos conhecimentos dentro dessa área.

Além disso, outra novidade foi o aparecimento de registros fonográficos, com gravações que continham somente os toques ritualísticos. Esse tipo de material permite, àqueles que buscam aprendizado ou uma especialização, uma possibilidade maior para treinar em casa. Como orientador, sempre indico alguns álbuns: "É de Angola" (Adalberto Mozer Eccad), "Dicas de atabaques" (Marcio Barravento), "Isto é Umbanda – toques (ritmos) de atabaques" (Mestre Marne) e "Ayom Lonan – o caminho dos tambores" (Mestre Obashanan).

É importante deixar claro que, apesar da importância que um curso tenha, mais uma vez lembro que um Ogã tem uma **missão espiritual**. Assim como ninguém se torna um médium de incorporação numa escola (visto que, antes de tudo, a pessoa precisa ter esse dom aflorado), um Ogã natural não nasce dentro de um curso, exceto nos casos em que ele "se descobre" dentro da escola, o que seria um caminho inverso ao normal, que é aquele em que a Entidade ou Orixá revela à pessoa que ela deve seguir esse caminho. Cabe depois ao iniciado, tendo ele tido contato com tal experiência dentro do terreiro ou por intermédio de um curso, buscar continuamente o aprendizado com os mais velhos, pois ser um Ogã vai muito além de saudar as forças espirituais pela música, uma vez que, na religião, este precisa, em determinadas situações, comandar a gira e, para isso, o conhecimento profundo das coisas espirituais e dos fundamentos da Umbanda é mais do que necessário.

Instrumentos musicais utilizados na umbanda

A Umbanda tem em sua base musical os pontos cantados, sejam estes entoados "à capela" ou acompanhados por instrumentos musicais. As primeiras tendas, especialmente aquelas cuja origem se deu por intermédio do Caboclo das Sete Encruzilhadas, não utilizavam nenhum tipo de instrumento musical, mas com a migração daqueles que seguiam as chamadas "macumbas cariocas", ou mesmo de Ogãs adeptos dos cultos de origem africana como o Candomblé para a Umbanda, instrumentos de percussão, em especial os atabaques, foram incorporados ao ritual da maioria das casas.

Ao considerarmos que o Homem, desde as culturas mais primitivas, entoa seus cânticos sagrados acompanhado pelo uso dos tambores, torna-se ainda mais fácil perceber o quanto a cultura indígena influenciou o uso desses instrumentos no ritual. Para isso, basta lembrarmos a importância destes nas culturas xamãs. Além disso, é notória a presença marcante da cultura africana em nossa religião, especialmente a dos bantos, que consideram o batuque (som extraído do tambor) uma verdadeira "oração viva", uma vez que transmite mensagens a N'Zambi (Deus) aos antepassados, aos espíritos e aos Homens, sendo um instrumento de meditação eficaz que nos remete a uma comunicação quase tangível com o divino.

Ao longo do tempo, sofreram adaptações e alterações em sua estrutura, evoluindo de rústicos tambores com as peles pregadas na madeira e que precisavam ser aquecidas, muitas vezes sendo expostas ao calor de fogueiras acesas no lado externo do terreiro ou barracão, para obter o mínimo de afinação, até os encontrados nos dias atuais, cuja afinação é conseguida por meio das tarraxas de metal presas em armações também de metal que seguram peles devidamente tratadas para melhorar a sonorização apresentada.

Esses tambores, classificados em **Rum** (pelo tamanho é o maior), **Rumpi** (o médio) e **Lê** (o pequeno), devem ser preparados e cruzados por uma entidade (na maioria das vezes, a mentora espiritual), deixando assim de ser algo profano para tornar-se um instrumento consagrado aos Orixás. Nasce aí uma ligação destes com os demais pontos de força da casa (fundamentos, assentamentos, congá, tronqueira etc.), bem como com as camadas espirituais a que se deseja atingir por intermédio do som produzido pelo toque musical. Na Umbanda, muitas vezes, o terreiro pode apresentar um conjunto musical diferente desse trio, pois o Lê, principalmente, é menos utilizado, por ser um instrumento que produz um som muito agudo. Este, aliás, é o motivo pelo qual tem emprego maior nos Candomblés de origem Ketu, visto que estes utilizam as varetas (aguidavis) para tocar o atabaque, diferentemente da Umbanda, que, por influência maior da Nação Angola (de onde vieram muitos dos Caboclos de Pena e de Couro que hoje trabalham nas nossas giras), faz uso da percussão manual de seus músicos.

Os atabaques consagrados não podem ser percutidos por pessoas despreparadas, uma vez que geram e movimentam energias. Esse descuido poderia acarretar em problemas tanto para quem está tocando como para a casa, uma vez que estamos lidando com algo que, tal como a eletricidade, não enxergamos, mas que podemos sentir. Sendo o atabaque um "para-raios", certas vibrações poderiam atingir um outro tipo de médium com uma intensidade diferenciada. Imagine se a carga for negativa, o que poderia acontecer!

Como a Umbanda é praticada por adeptos que seguem orientações de mentores que diferem em sua forma de trabalhar, respeitando todos os segmentos, não podemos deixar de citar que, na linhagem praticada pelo Primado de Umbanda, de acordo com os ensinamentos do Caboclo Mirim por intermédio de seu médium, Pai Benjamin Figueiredo, sendo sua raiz mais vinculada à cultura Tupy, não se usa atabaque, e sim um outro tipo de tambor, semelhante ao surdo indígena que antigamente era construído em toras ocas de cedro. No entanto, devido à dificuldade de se encontrar essa matéria-prima, ele é construído com metal, mais especificamente, de chapa de aço.

Compõem ainda o grupo de instrumentos de percussão de um terreiro: o ganzá, o agogô, o xequerê, o afoxé, o triângulo, o pandeiro e até mesmo o berimbau, sendo que os dois últimos são mais raramente aplicados. Como foi explicado anteriormente, todos devem ser energizados e devidamente cruzados e fundamentados pelas entidades responsáveis pelo terreiro.

Algumas casas, especialmente aquelas que possuem uma influência maior do catolicismo ou do espiritismo kardecista, podem usar instrumentos de cordas, como, por exemplo, o violão e até mesmo o piano[*], em conjunto ou não, com os instrumentos de percussão. Aliás, de certa forma, a utilização de outros instrumentos era até comum de ser observada nas raras gravações de cantigas de Umbanda produzidas em meados das décadas de 1950 a 1970.

Existem tendas que não possuem entre seus participantes um Ogã ou curimbeiro devidamente preparado para a função, ou ainda não têm os tambores, muito embora não proíbam o uso destes. Muitas delas acabam apelando a um recurso não convencional, que

---

[*] Como citado pelo Pai Fernando M. Guimarães, fundador da Tenda Pai Maneco, de Curitiba/PR, numa entrevista que foi publicada na *Revista Espiritual de Umbanda n. 4*.

é tocar aparelhos eletrônicos com mídias de áudio contendo toques de atabaques ou até mesmo pontos cantados. Outras casas não inserem em seus rituais nenhuma outra prática senão o cântico "à capela", proibindo até o acompanhamento dos pontos com a marcação por palmas.

Lembramos que, independentemente de usar ou não algo que possa acompanhar tais melodias, o principal, quando se trata de musicalidade religiosa umbandista, é a ação do ponto cantado.

Percebe-se que, mesmo sabendo que a utilização de instrumentos gera uma energia diferenciada, cabe ao mentor espiritual da casa decidir se é ou não necessária a utilização destes nos seus rituais. Servir-se ou não desse recurso não torna a casa mais forte ou mais fraca. É uma questão de fundamento do mentor espiritual, que deve ser respeitado, afinal este é o responsável pela condução daquele rebanho e, de acordo com seus conhecimentos, adotará esta ou aquela forma de conduzir os trabalhos realizados.

Ayom – orixá do tambor

Entre as centenas de Orixás trazidos pelos negros escravizados no Brasil, um deles foi praticamente esquecido, tendo poucos iniciados em nosso país: Ayom, o Senhor da Música.

Ayom Poolo, considerado um dos Irunmalés (potestades concebidas da luz de Orún), também é reconhecido, embora com outras denominações, em diversas culturas, como aquele que esteve presente no despertar da Gênese.[*] Essa força universal, além de ser chamada de Ayom ou Ayan pelos sudaneses, é encontrada em outras culturas, denominada como Eon pelos gregos, Aum pelos Hindus, Aña pelos cubanos e Y-Om Ahed pelos Judeus.

Nos mitos antigos, descobrimos que, mais do que o Orixá da Música, sua especialidade pode ser estendida a limites maiores, uma vez que este seria o Grande Senhor do Som, responsável até mesmo pelo conhecimento evolutivo da comunicação humana por intermédio da fala.

Entre as lendas, destacamos aquela que diz que Ayom morava dentro do tambor desde o princípio dos tempos, porém, uma vez

---

[*] Citamos anteriormente a passagem da Bíblia que dizia que "no início era o Verbo".

que o Homem, movido pela ira e pela ganância, passou a usar os tambores como elemento de comunicação nas guerras, Xangô o teria libertado, cortando um batá (tambor de duas peles), surgindo então os tambores de uma única pele (como o atabaque, por exemplo), uma vez que a música, como uma herança divina, não poderia ser usada para a guerra. Se não bastasse essa passagem, ainda existem alguns estudiosos que indicam que Ayom (Ayan) seria a apresentação de uma das qualidades de Xangô. Seja por uma ou outra explicação, o que percebemos é que o Orixá dos trovões também passou a ter grande importância na relação dos tambores com o sagrado.

Mestre Obashanam, um dos poucos e mais conhecidos iniciados no rito de Ayom no Brasil, diz que "um tambor bem preparado é um verdadeiro ser vivo, e quase sempre o espírito de Ayom quando se manifesta nele, induz o Alabê a executar ritmos extremamente hipnóticos e complexos, pois os tambores chegam a 'falar sozinhos'". Isso explica o motivo pelo qual, muitas vezes, inconscientemente, o Ogã reproduz ritmos, passagens e dobradas que nem ele mesmo sabe explicar como foi feito. Da mesma forma, passamos a compreender quando os mais antigos diziam que o atabaque ou outro tambor "falou" nas mãos de um Ogã, seja este Alabê, Huntó ou Xicarangoma devidamente preparado para essa função, ou ainda quando um destes ministros da música chama o outro para que venha acompanhá-lo no toque, dizendo: "Fala, Couro"!

O culto a Ayom é muito raro, e seus assentamentos requerem muitos cuidados, por isso é muito difícil encontrar um iniciado desse Orixá no Brasil, sendo mais comum na Nigéria e Benin (de onde veio boa parte da influência iorubá para o Brasil).

Como um estudioso da música sagrada afro-ameríndia-brasileira, creio que, independentemente do que diz o mito, Ayom, como um Orixá, ou seja, um Ser Divino ou Divinizado, que tem como especialidade potencializar a energia do tambor (seja este de uma ou de duas peles) e de tudo que se refere ao poder do som, atenderá aos nossos apelos quando solicitarmos suas bênçãos sobre nossos atabaques, congas, djembês, ilús, batás, inhãs, ngomas, igbins, satós, bamileke tam-tam, taiko, tablas, dabakans, ou sobre qualquer tipo de tambor utilizado como elemento sagrado ao culto dos Orixás (ou a outras potestades divinas reverenciadas em outros segmentos religiosos) e seus diversos falangeiros ou mensageiros espirituais, sem considerar o fato de sermos ou não iniciados em seus fundamentos.

É importante destacar que outras culturas também possuem seus representantes sagrados relacionados à essa arte, como, por exemplo: Deus Apolo, da mitologia grega, que tinha em seu cortejo as Musas Euterpe (a música) e Aede ou Arche (o canto), ou Israfil, o anjo da música na religião muçulmana que inspira as pessoas a compor, cantar, e tocar instrumentos, sendo o escolhido para tocar as trombetas no dia do juízo final, mostrando a importância da música como elemento de contato com o sagrado através dos tempos.

Cântico a Ayan (Ayom)**

Éyin omo onilù a fi àrán bantè sosán
Omo agbórí odó lù fún Eégún
Omo agbórii odó lù fún òòsá
Orò Korin lò Ayan tundè l'Ayè!

Cantiga: O som que não se cala
Compositor: Benedito Aparecido de Souza (Benê)
Apresentada pelo Kilombo do Presente

Estão querendo calar nosso tambor
Não querem mais que eu saúde o meu protetor
(bis)
Mas meu tambor é Congo, Djedje e Nagô

** Tradução: Vocês, da linhagem do tambor, que embelezam seus instrumento com panos e cordas de veludo / Descendentes daqueles que fizeram o fundamento para o primeiro tambor de Egun / Descendentes daqueles que fizeram o fundamento para o primeiro tambor de Orixá / Toquem e cantem, para Ayan voltar à Terra!

Nem na chibata ele nunca calou
(bis)
Ô, ôôô – o meu tambor é Congo, Djedje e Nagô (bis)
África, começo de tudo
Trazida pelas mãos dos Orixás
Ayom, divindade da música
A toda humanidade encantou
Quando soltou o tilintar do tambor
Ô, ôôô – o meu tambor é Congo, Djedje e Nagô (bis)
Eu vou subir lá no alto das pedreiras
Onde mora Pai Xangô
Pedir pra ele com todo meu fervor
Pra proteger o Orixá do Tambor
Ô, ôôô – o meu tambor é Congo, Djedje e Nagô (bis)

Os instrumentos consagrados e sua relação com a excitação anímica

Destacamos neste capítulo a importância do estudo em todos os sentidos relacionados à nossa religião, inclusive quanto à musicalidade e à força que a curimba proporciona ao culto, visto que nossos irmãos de fé, muitos novos na religião, buscam incessantemente as respostas para suas questões, e uma delas é a relação do uso de atabaques com o possível animismo provocado no médium. Tal questão é fácil de ser encontrada em muitas comunidades virtuais, em que participam fiéis de todos os níveis de conhecimento.

O termo **"animismo"** foi criado pelo antropólogo inglês Sir Edward B. Tylor, em 1871, citado na obra *Primitive Culture* (A cultura primitiva), indicando um princípio vital e pessoal chamado "anima" (latim), o qual apresentava significados variados:

Cosmocêntrica: energia.
Antropocêntrica: espírito.
Teocêntrica: alma.

Os cultos animistas alegam que "todas as coisas são vivas"; "todas as coisas são conscientes" ou "todas as coisas têm anima", desde então o animismo seria natural de todo ser vivente.

Nossa explicação baseia-se, principalmente, na visão espiritualista dessa ação. Quando falamos em animismo, tratamos do médium que, mesmo sem intenção, é levado por uma força externa (impulsão) que ativa seu interior e o faz "pensar" que está incorporado por uma entidade, quando na verdade está atuando pela ação do seu próprio espírito, baseado em conhecimentos adquiridos anteriormente, seja nesta ou em vidas anteriores.

Com essa explicação, descartamos a ação anímica natural, existente nas manifestações espirituais de ordem psicofônica. Somos cientes de que o animismo faz parte do processo mediúnico, porém o que destacamos é uma ação impulsiva, que se não for devidamente corrigida pode ser negativa, pois com o passar do tempo poderá levar o médium a uma mistificação inconsciente, não dolosa, mas também preocupante.

Longe de sermos donos absolutos de qualquer verdade, até porque esta ao Pai Supremo pertence, segue uma observação: o uso de instrumentos de percussão não é exclusivo da Umbanda. Podemos notar o uso de tambores nas mais diversas religiões, muitas inclusive de aspectos totalmente distintos e que sequer trabalham com mediunismo, como, por exemplo, em seitas e cultos orientais (tablas indianas, o-taikos japoneses etc.).

Na Umbanda e nos cultos de origens africana e indígena, notamos o uso dos atabaques ou outros tambores. É sabido que o conjunto de instrumentos consagrados aos Orixás forma, assim como o congá e os assentamentos naturais, um campo vibratório (campo de força) que gera e movimenta a energia da casa. Porém, para que essa energia possa ser utilizada de forma satisfatória a favor dos trabalhos realizados, os instrumentos devem ser manipulados por pessoas previamente preparadas para tal função: os Ogãs (ou curimbeiros) da casa.

Logicamente que não podemos nos esquecer que nem todas as tendas de Umbanda utilizam os instrumentos musicais, mesmo assim trabalham e praticam a devida caridade que se espera num templo religioso. É importante salientar que, apesar de não fazerem uso dessa energia, essas tendas não são mais fracas (ou mais fortes) do ponto de vista vibratório, visto que devemos levar em conta o fundamento e a forma de trabalho de cada mentor espiritual.

E quanto à excitação anímica? O animismo é ou não provocado pelo som dos tambores? O uso de instrumentos de percussão encorajam os movimentos físico, emocional e mental do médium, porém não se deve confundir esse sentimento de liberdade (que pode até facilitar a entrega deste para um melhor envolvimento do espírito-guia sobre seus pontos energéticos ligados à mediunidade: os chacras) com a ação negativa de impulsionar o animismo, que é um fenômeno que pode ser presenciado em vários lugares que não adotam atabaques ou outros tambores e, muitas vezes, que sequer utilizam qualquer tipo de instrumento ou música.

É certo que o animismo é encontrado no meio umbandista, mas também que é presenciado fora dele, tanto que esse fenômeno é e continua sendo estudado pelas linhas kardecistas e outros segmentos que não usam instrumentos de percussão em seus trabalhos espirituais. Notamos animismo também em outras religiões, como, por exemplo, nas igrejas protestantes (mais conhecidas como evangélicas) e até mesmo nas recentes missas católicas carismáticas, em que, levadas pela música, pela gritaria ou por todo aquele frenesi criado pelos pastores ou padres e adeptos (facilmente visto nos programas de televisão, em especial nos chamados cultos de exorcismo), as pessoas envolvidas caem, gritam, choram e se entortam no chão. Tudo isso acontece sem o emprego dos atabaques nesses rituais.

No entanto, seremos levianos se negarmos que um médium iniciante, menos instruído ou, principalmente, mal orientado, não possa ser levado a esse processo pelos sons ou até mesmo pela vibração que os instrumentos geram dentro de uma engira. Isso pode acontecer, mas devemos nos lembrar que não apenas por uma sugestão criada pela música. Existem outros fatores que podem influenciar uma pessoa, até mesmo numa casa que não tem atabaques: as palmas, os cânticos, as velas acesas, as imagens, a própria vibração fornecida pelos fundamentos da tenda e, principalmente, a vontade de ser um médium de incorporação, o que nem sempre a pessoa é.

Afinal, o animismo existe? Sim, é fato e passível de estudo.

É exclusivo da Umbanda e das demais religiões que utilizam tambores? Esperamos que tenha ficado evidente que NÃO.

Como evitá-lo? Ora, cabe ao dirigente espiritual e às Entidades de cada casa cuidar dos filhos de fé do terreiro, dando as devidas orientações, com o intuito de evitar que isso aconteça. Como? Simples: fornecendo informações por meio de palestras e cursos sobre um assunto básico que é a MEDIUNIDADE e, se possível, separar uma data especial para trabalhos específicos de desenvolvimento mediúnico.

Os médiuns e simpatizantes da Umbanda precisam buscar sempre o conhecimento não só da religião em si, mas também do fenômeno mediúnico e tudo o que o cerca, para que não sejam meros "cabides de roupa branca" dentro da casa. Aprender nunca é demais, desde que a busca do saber tenha como finalidade o aprimoramento mediúnico e espiritual.

A Umbanda, como qualquer vertente religiosa, tem que ser praticada com seriedade, para isso, é preciso que seus adeptos, em especial os médiuns de incorporação, saibam diferenciar a energia do seu Guia Espiritual da energia da casa e dos tambores, pois tudo dentro do terreiro tem sua finalidade. Sabendo trabalhar essa energia em favor do seu semelhante e evitando a todo custo ser levado pelo animismo (que não é um fator exclusivo dos umbandistas, mas, sim, de todo o ser humano, pois este, quando despreparado, pode ser sugestionado por algo exterior), o médium estará apto a ser um verdadeiro instrumento de trabalho dos Espíritos de Luz.

A macumba

Vamos desmistificar de vez o que significa o termo "MACUMBA"? Usado pejorativamente para indicar um trabalho de feitiçaria, alguns leigos chegam a achar que qualquer oferenda ou despacho seja uma macumba.

Na verdade, trata-se de um instrumento musical feito da madeira de uma árvore que era sagrada pelos negros africanos. Esse instrumento (uma espécie de reco-reco) era tocado pelo "macumbeiro", nome estendido aos que participavam das festas da macumba (uma mescla de cultos religiosos com folguedos populares típicos dos povos afro-brasileiros que viviam, na maioria das vezes, nas zonas mais afastadas das grandes cidades, em especial, nos morros do Rio de Janeiro). Assim como chamamos alguém que toca e gosta de pagode de "pagodeiro", isso aconteceu com quem participava das festas da macumba.

Em 1888, a Princesa Isabel libertou os escravos por intermédio da Lei Áurea, mas isso não facilitou a vida para os negros, que, em sua grande maioria, foram jogados nas ruas, sem casa, sem emprego e sem profissão. Entre estes, encontravam-se aqueles que conheciam a alta magia africana, assim, até como uma forma de obter algum ganha-pão, passaram a recorrer a esse conhecimento para atender àqueles que um dia foram seus senhores. A busca por um feitiço que pudesse "destruir" o rival foi ficando cada vez mais comum.

Quando alguém queria conhecer um especialista nesse segmento era logo indicado ao "macumbeiro" X ou Y, não porque a macumba tivesse alguma relação com o trabalho que seria encomendado, mas porque esse cidadão, na maioria das vezes, também era um festeiro das macumbas. Foi questão de tempo para fortalecer a relação "macumbeiro x macumba x feitiço x trabalho para o mau" que existe até os dias de hoje. As pessoas que não conheciam esses detalhes de um período triste da história do Brasil passaram a associar, de forma totalmente indevida, qualquer prática relacionada aos cultos e religiões que possuíssem qualquer traço afro-brasileiro de "macumba". Isso ficou ainda mais presente quando Paulo Barreto (João Paulo Emílio Cristóvão dos Santos Coelho Barreto), sob o pseudônimo de João do Rio, publicou em 1904 a obra *Religiões do Rio*, em que citou as "Macumbas Cariocas", em que colocava na mesma faixa de classificação todos os tipos de curandeiros ou pais de santo, inclusive os feiticeiros e charlatães que se dispunham a usar as "forças invisíveis do além" em troca de dinheiro ou poder.

O termo foi tomando corpo, até pelo senso comum no Rio de Janeiro (onde desde essa época havia um grande número de adeptos dos cultos africanos, além de ser o berço da Umbanda no Brasil), e até hoje não é nada incomum encontrarmos umbandistas e candomblecistas que, sempre em tom de brincadeira, se intitulam macumbeiros. É relevante destacarmos que levar o conhecimento do que realmente é a macumba é mais do que importante, especialmente pensando na quebra de tabus e preconceitos enraizados e cada vez mais alimentados dentro da nossa sociedade.

A música umbandista através dos tempos

Antes mesmo da oficialização da Umbanda, marcada pelo advento da manifestação do Caboclo das Sete Encruzilhadas, existiam médiuns e casas espirituais que trabalhavam com caboclos, pretos velhos e exus. Desde sempre, a utilização da música se fez presente.

Sendo uma religião que rompe as barreiras da intolerância e do preconceito, que crê nas mais diversas manifestações da Divindade Maior, não poderia ser diferente a relação desta com a musicalidade empregada em outros segmentos espirituais. Assim, a Umbanda recebeu influências diretas que variam das zuelas entoadas nos terreiros de cultos de nação e das antigas "Macumbas Cariocas", passando pelos linhos cantados no catimbó, pela música cristã (católica, espírita e protestante), pela sonorização indígena e oriental e até das mais diversas tradições populares, principalmente aquelas que nasceram dessa mescla cultural e religiosa afro-indígena-europeia, como a capoeira, o samba de roda, os catupés, os folguedos, a Folia de Reis, o jongo (em que as músicas são também chamadas de "pontos"), o maracatu, o afoxé, a congada, o cateretê (também conhecido como catira) e outros mais. Da cultura africana, é certo que a maior influência rítmica vem do povo banto (Angola, Moçambique, Congo), onde encontraremos base também para o samba, tambor de crioula, carimbó, o batuque e a umbigada. Outra influência forte (embora em menor grau que a do povo banto) foi a que recebemos dos negros iorubás (Nagôs).

Alguns exemplos bem claros dessa influência podem ser vistos nas letras apresentadas na sequência.

Zuelas e cantigas adotadas no Candomblé, principalmente nas Roças de Caboclos, que são usadas hoje em rituais de Umbanda

Aqui nesta aldeia,
Tem um caboclo, e ele é real
Ele não mora longe
Mora aqui mesmo neste canzuá

O verde é a esperança
O amarelo é o desespero
O branco é a liberdade
De um caboclo brasileiro

Um abraço dado, de bom coração
É o mesmo que uma benção
Uma benção, uma bênção

Das Macumbas Cariocas

Nego Cambinda, que fala na língua nagô
Nego da Costa de Mina, filho de Babalaô
(bis)
Na macumba ê, na macumba á
Na macumba êêê, na macumba á
Nego canta, nego dança
Na batida do tambor

Nego toma o seu marafo
E saravá seu protetor
(bis)

Outro...

Chora na macumba, Iansã
Chora na macumba, Iansã
Estava na beira da praia, Iansã
Chorou, chorou, chorou

Outras cantigas eram interpretadas de uma forma, mas foram modificadas ao longo dos anos, como nos exemplos a seguir.

Ponto de jongo
Gravado por Darcy Ribeiro (Jongo da Serrinha)

Pisei na pedra, a pedra balanceou
Levanta meu povo, cativeiro se acabou

Ou numa versão mais antiga e original cantada por Clementina de Jesus:

Tava durumindo
Cangoma me chamou
Vê se alevanta povo
Cativeiro se acabou

Catupé
Entoado por grupos de Congo de Oliveira (MG)

Senhor, senhor
Tem pena de mim, tem dó

A volta do mundo é grande
Seu poder inda é maior

Observe a semelhança da letra acima com este conhecido ponto de Oxalá cantado na Umbanda:

Oxalá meu Pai, tem pena de nós, tem dó
Se a volta do mundo é grande
Seu poder ainda é maior

E os exemplos não param, como uma cantiga muito conhecida, encontrada em qualquer apresentação em rodas de **maculalê**:

Boa noite pra quem é de boa noite
Bom dia pra quem é de bom dia
Abenção, meu papai abenção!
Maculelê é o rei da valentia

Já na Umbanda, assim como nas Roças de Caboclo (Candomblé Angola) ou em outros segmentos que cultuam os "Encantados", ouviremos:

Ê boa noite pra quem é de boa noite
Ora bom dia, pra quem é de bom dia
Eu só queria que Deus me desse
Seu Boiadeiro para ser meu guia
Ê boa noite pra quem é de boa noite
Ora bom dia, pra quem é de bom dia
Abenção, meu Papai, abenção!
Seu Boiadeiro é o Rei lá na Hungria

A essência cristã da Umbanda fica presente em muitos pontos cantados de pretos velhos, caboclos, baianos, boiadeiros e exus, mas dentro desse universo musical, algumas cantigas e ladainhas católicas também foram absorvidas pelo seu ritual:

Quem pode mais, é Deus
Jesus, Maria e José
(bis)
Jesus, Maria e José
Que seja feito o que Deus quiser
(bis)

A possibilidade de absorção de novos conhecimentos dentro da nossa religião nos permite até encontrarmos, além dos pontos cantados, alguns hinos, preces e orações provindas de outros segmentos, mas que muitas vezes são usados nos nossos rituais até mesmo a pedido das entidades. Usando a casa que frequento como exemplo, nosso mentor, um caboclo de Oxalá, que, talvez até pela vibração que atua, é extremamente cristão, quase que em todos os trabalhos, no momento de seus atendimentos, principalmente quando se trata de um problema de saúde ou alguém que está desequilibrado espiritualmente, solicita que entoemos um hino que nos foi ensinado há muitos anos por um irmão que, por algum tempo, participou de uma doutrina religiosa conhecida como "Nova Ordem de Jesus". Esse hino, com a orientação do caboclo, sofreu algumas pequenas alterações, ficando da seguinte forma:

Falange Branca
Do Divino Espírito Santo
Sob o comando da Virgem Maria
(bis)
Virgem Maria, Virgem Maria

Esteja sempre em nossa companhia
(bis)

Esse hino traz aos presentes um envolvimento completo com as energias provindas do amor universal, transmitindo paz, tranquilidade, vibrações de cura e, acima de tudo, ativando a fé, não só dos médiuns, mas também de quem está sendo assistido.

Como último exemplo, uma música conhecidíssima, de domínio público, gravada por Caetano Veloso e outros artistas e que, provavelmente, teve origem nos cultos dos Encantados das casas de **Catimbó de Jurema** e no **Tambor de Mina**, mas que depois foi absorvida para uso constante na Umbanda e nas **rodas de capoeira**:

Eu não sou daqui – Marinheiro só
Eu não tenho amor – Marinheiro só
Eu sou da Bahia – Marinheiro só
De São Salvador – Marinheiro só
Ô, marinheiro, marinheiro – Marinheiro só
Ô, quem te ensinou a nadar? – Marinheiro só
Ou foi o tombo do navio – Marinheiro só
Ou foi o balanço do mar – Marinheiro só
Lá vem, lá vem – Marinheiro só
Como ele vem faceiro – Marinheiro só
Todo de branco – Marinheiro só
Com o seu bonezinho – Marinheiro só

Tudo isso ficaria muito restrito a um público pequeno se continuasse sendo transmitido apenas de forma oral e somente àqueles que participavam dos rituais dentro dos terreiros ou nos festejos em ambientes naturais, como na praia, mata ou cachoeira, por isso temos que dar o merecido destaque a alguns trabalhadores que tiveram a coragem de gravar essas cantigas em discos, fitas cassete e, mais recentemente, em Cds, MP3 e na Internet.

Evidentemente que hoje tudo é mais fácil para os devotos das religiões afro-umbandistas em comparação com o início do século XX, até meados dos anos 1960, em que estes eram perseguidos não só por uma sociedade que tradicionalmente se declarava católica, mas também pelas forças oficiais do Estado, inclusive pela polícia. Basta alguns minutos de conversa com os "mais velhos" para saber o quanto era complicado ser umbandista, visto que eram perseguidos e presos por "vadiagem" quando tentavam fazer um trabalho em espaço público, e muitas vezes os terreiros eram invadidos.

Felizmente existiram alguns irmãos que arregaçaram as mangas e lutaram contra isso usando como arma a arte da música, seja pelos pontos sagrados cantados nos terreiros, seja pela Música Popular Brasileira (MPB) de influência afro-religiosa, aos quais daremos um destaque especial nos próximos capítulos, visando uma melhor compreensão do que foi feito, no que diz respeito à musicalidade, nestes últimos cento e poucos anos de Umbanda no Brasil.

A música de terreiro

As primeiras gravações de pontos cantados foram feitas especificamente no Rio de Janeiro, berço das chamadas Macumbas Cariocas e das casas que surgiram após o sério trabalho conduzido por Pai Zélio Fernandino de Moraes e outros contemporâneos de sua época. Sabemos que a perseguição era grande, mas isso não impediu que intérpretes, na maioria das vezes Ogãs e sacerdotes, com seus irmãos e confrades, pudessem registrar as cantigas que eram entoadas nos terreiros, para assim poder transmiti-las para um número maior de pessoas.

Os primeiros discos, ainda de 78 rotações e feitos de goma-laca, e até mesmo os primeiros de 45 e 33 rotações, produzidos em vinil, trouxeram em suas capas, por muito tempo, a palavra MACUMBA* em destaque, até porque esse era o termo comumente utilizado pelos seguidores de terreiros de diversas vertentes afro-religiosas na "Cidade Maravilhosa" e circunvizinhas. Tanto que assim foi definido o título do primeiro disco do gênero, gravado em 1930 pelo Ogã

---

* Aliás, seja por força do hábito ou por uma cultura local, a expressão "macumba" continua sendo fortemente empregada até os dias atuais na terra do "Cristo Redentor".

de Omolocô, Eloy Dias. Já a fita cassete (K7) surgiu em 1963, mas passou a ser difundida em larga escala a partir da década de 1970.

É importante salientar que tudo que for citado aqui, principalmente no que diz respeito aos discos mais antigos, é baseado num estudo que observou a capa, o tipo de gravação, dentre outros aspectos, para que pudéssemos chegar a uma conclusão mais ou menos aproximada da época em que o trabalho fonográfico foi produzido. Embora algumas gravadoras tenham tido a coragem de abraçar a ideia de gravar e distribuir esse material, por outro lado, muitas delas não se preocupavam em colocar maiores detalhes a respeito do trabalho, como, por exemplo, o ano, quem participou como instrumentista ou quais eram as pessoas que compuseram o coral das faixas gravadas. De qualquer forma, alguns expoentes abriram o caminho para que tantos outros depois pudessem seguir adiante, levantando a bandeira da nossa religião, não só divulgando o que é usado nos nossos rituais, como também quebrando preconceitos por intermédio da arte da música.

Como principal destaque, citamos João Paulo Batista de Carvalho (1901-1979), que ficou conhecido como J. B. de Carvalho, o "Batuqueiro Famoso", nascido no Rio de Janeiro. Lançou seu primeiro disco solo pela Victor em 1931, interpretando os batuques "E vem o sol" e "Na minha terrera". Ainda liderou por anos o Conjunto Tupi, com quem gravou, no mesmo ano, a cantiga "Cadê Viramundo", catalogada como de sua autoria, o que é difícil de afirmar, uma vez que ele gravou muitos pontos de raiz, registrando-os como se fossem seus. Se tal prática não poderia ser considerada correta do ponto de vista religioso, era, sem sombra de dúvida, necessária, tanto que ele não foi o único a fazer isso, visto que esta era a única forma de ter um documento que permitisse a gravação da "música". Foi graças a essa atitude, a qual não estamos aqui para julgar se oportunista ou corajosa, que outras tantas cantigas de raiz, trazidas pelos mentores espirituais no início do século XX, se perpetuaram até os dias de hoje. Sua carreira artística começou com apresentações ao vivo na extinta Rádio Cajuti e se estendeu por diversas rádios, onde, algumas vezes, chegou a ser preso, pois não era nada incomum pessoas entrarem em transe durante suas apresentações.

Embora J. B. de Carvalho tenha iniciado como um músico profissional que, às vezes, gravava algumas corimás (cantigas das antigas macumbas cariocas), a partir da década de 1960 ele passou a dar mais importância para a produção dos LPs de pontos cantados, o que espalhou de vez todo esse repertório em grande parte dos terreiros do Brasil. Apesar de todas as dificuldades, especialmente com relação à perseguição que os umbandistas "sentiam na pele", ele gravou mais de uma dezena de discos de Umbanda em seus mais de 50 anos de carreira, isso sem contar o período em se apresentava com o Conjunto Tupi ou outros conjuntos, na qual entraremos em maiores detalhes quando formos tratar da música popular umbandista.

Não vamos colocar aqui toda sua discografia, extensa e com a parceria de diversos compositores e intérpretes, mas não poderíamos deixar de citar pelo menos alguns dos discos gravados por J. B. de Carvalho:

* Melodias da Umbanda, 1960.
* O Rei da Macumba, Xangô Dzacutá, 1968.
* Natal e Festas de Umbanda, 1969.
* Oxóssi Pena Branca, 1969.
* São Jorge, o Rei do Terreiro, 1970.
* Jurubandeia, 1972.
* Seu Abaluaiê, 1973.
* Eparrei Iansã, 1974.
* O rei da macumba, 1978.

Outros intérpretes também fizeram parte dessa primeira etapa da história musical umbandista, e um dos aspectos que nos chamou a atenção é que, entre os anos 1930 e 1950, não foram poucos os que, assim como J. B. de Carvalho, talvez na tentativa de camuflar o que seria um trabalho destinado ao povo de terreiro, indicavam no título do disco seu nome somado a um conjunto, orquestra ou banda. Podemos citar, por exemplo, *João da Baiana e Seu Conjunto*, que gravou em 1938 pela RCA Victor um compacto com os pontos "Sereia" e "Folha por folha"; *Sussu com o Conjunto Star*, em que gravou em 1951 o compacto com o mesmo nome da banda com as faixas "Oquianga" e "Senhor Teimoso"; *Enoch da Silva Barbosa e Conjunto*, que gravou um compacto em 1957 com as faixas "Oiá Matamba" e "Rei Caçuté"; além de *Rangelito com Conjunto do Índio e Côro*, gravando "Caboclo da Mata" e "Ponto de Vidência" em 1959.

Apesar de a música de terreiro começar a achar espaço nos anos 1930, foi mesmo a partir dos anos 1960 que a indústria fonográfica começou a perceber que um nicho composto por milhares de adeptos, não só da Umbanda como de outros segmentos que cultuavam os Orixás, era uma viável fonte para se investir em novos títulos. A partir daí, esse estilo obteve grande espaço nas lojas de discos e de artigos religiosos, com um "boom" imenso na década de 1970, que se prolongou com uma força considerável até o final dos anos 1980.

Não temos como colocar nesta obra todos os trabalhos produzidos, mas apenas para que fique como material de pesquisa àqueles que gostam de garimpar as raízes musicais da nossa religião, citaremos alguns títulos gravados nesse período, muitos deles indicados nas diversas palestras que venho ministrando, há alguns anos, em tendas, núcleos e casas umbandistas de São Paulo e de outros estados do Brasil:

Anos 1950:

* Compacto – Jamil Rachid e seu terreiro, 1950 – Villela Santos.
* Compacto – Jorge da Silva e seu terreiro, 1956 – Continental.

Anos 1960:

* Pai João D'Angola, 1960 – Saravá/Cáritas.
* Saravá Iemanjá (João da Baiana e seu terreiro, 1960 – Phillips).
* Umbanda de Todos Nós, 1961 – Equipe.
* No Reino de Umbanda – Cantos do Ritual (Maria D. Miranda e Corimba da Tenda Ogum Urubatão, 1964 – Continental).
* Saravá Umbanda (Sociedade de Pesquisas em Ciências Ocultas "Terreiro do Oriente", 1966 – RCA Victor).
* Rei do Congo (Sussu, 1968 – OkeH).

Anos 1970:

* O Valente Guerreiro, 1970 – Tropicana.
* Faramim Yemanjá, 1971 – SOM.
* Preto Velho (Babá Okê Sussu, 1972 – Tropicana).
* 3º Festival de Cantigas de Umbanda, 1973 – Equipe.
* A caminho da luz, 1973 – AMC/Beverly.
* Na gira dos Exus, 1974 – Alvorada.
* Aleluia Umbanda – (Ismael Rangel, 1974 – Beverly).
* Filho de Pemba (Cicica, 1974 – AMC/Beverly).
* Curimbeiros de São Jorge, 1975 – Cartaz.
* Na gira das Crianças, 1975 (reeditado em 1986) – Chantecler.
* 5º Festival de Cantigas de Umbanda, 1975 – CID.
* Saudação aos Orixás (Araripe Barbosa com Percussão e Coro, 1975) – Chantecler.
* Festival de Cantos de Umbanda, 1975 – Tapecar.
* Pontos de Terreiro, 1976 (reeditado em 1986) – Chantecler.
* Pontos de Preto Velho nº 2 (Tenda Mirim 7ª Filial, 1976).
* Na gira de Iansã, 1976 (reeditado em 1986) – Chantecler.
* Umbanda (Baianinha, 1977 – SOM).

* Saravá Seo Zé Pilintra (Genimar, 1978 – Vibrações).

* Pontos de Preto Velho – Povo do Cativeiro (Tenda Espírita Mirim, 1979).

Anos 1980:

* Umbanda Força Maior (Baianinha, 1982 – Beverly).

* Cânticos da Vovó Juventina (V.A., 1983 – GEL).

* São Jorge Guerreiro (Carlos Buby com Coral do Templo Espírita Caboclo Guaracy, 1984 – Cáritas).

* Saudação a Umbanda, 1985 – Cáritas.

* No Reino de Exu, 1985 – Cáritas.

* José de Aloiá em saudação à Praia Grande (José de Aloiá, 1986 – Geração).

* Onibejada, 1988 – Cáritas.

* Umbanda Branca (José Ribeiro, 1989 – Cáritas).

Anos 1990:

* No Reino de Nanã Burukê (Ibejy Miregum, 1993) – A Universal Discos.

* Umbanda – Cabocla Jurema (Coro da Federação de Umbanda Nossa Senhora Aparecida, 1994) – A Universal Discos.

* Na gira de Exu, 1994 – Cáritas.

* Iemanjá – Umbanda, 1994 – Cáritas.

* Marinheiro (Tenda Pai Oxalá e Mãe Maria Conga, 1994, Cáritas).

* Umbanda Querida (Ogan Ismael de Souza e Curimba da T.E. Caboclo Rompe Mato, 1994 – Cáritas).

* Umbanda na natureza (Escola de Curimba Umbanda e Ecologia, 1996 – BMG/Ariola).

Na década seguinte, a Umbanda e os cultos afros passaram por um período difícil, com grande redução do número de adeptos. Esse declínio, que iniciou na metade dos anos 1980, teve seu maior impacto nos anos 1990 e foi gerado por vários motivos (inclusive organizacionais), porém cremos que o principal foi o maciço ataque promovido pelas mídias que trabalhavam em prol do crescimento das igrejas protestantes, especialmente as neopentecostais, que nessa década tiveram um crescimento exponencial, ganhando cada vez mais corpo em todos os campos da sociedade, inclusive na política. Com técnicas de persuasão, muito dinheiro e apoio político, aos poucos essas igrejas foram conquistando mais espaço na mídia, com programas no rádio e na televisão, jornal escrito, revistas e grandes eventos em espaços públicos, todos com um foco muito bem direcionado em suas apresentações: a demonização das religiões afro-indígenas-brasileiras.

Somado a isso, o governo civil restabelecido, até por questões ideológicas, não se preocupou em defender a Umbanda, o Candomblé, o Catimbó e outros segmentos religiosos que antes eram vistos como cultura nacional pelos militares. Nesse momento, mais importante era defender os interesses daqueles que lhes dariam apoio e, possivelmente, uma quantidade maior de votos nas próximas eleições, e assim o Estado que constitucionalmente deveria ser laico passou a "tapar os olhos" para o que estava acontecendo.

Claro que essa situação de esvaziamento serviu para separar o joio do trigo, afinal só saiu da religião aquele que não tinha convicção do que buscava na Umbanda, porém isso afetou diretamente as gravadoras, que passaram a vender cada vez menos discos e fitas cassete com conteúdo afro e umbandista. Tudo indica (não podemos afirmar, até porque não temos acesso às datas de abertura e encerramento de todas as gravadoras do país) que a última que ainda tentou manter esse tipo de trabalho foi a Cáritas (Luzes), que infelizmente encerrou suas atividades, deixando "órfãos" os amantes dos pontos cantados, linhos, zuelas, ladainhas, corridos, samba de roda, cantigas do maculelê, da puxada de rede e de outras manifestações musicais da Umbanda, do Candomblé e da capoeira.

Como tudo na vida é cíclico, nos anos 2000, o Brasil teve um ligeiro crescimento econômico, proporcionando uma nova etapa na história da nossa musicalidade: a produção de trabalhos independentes, que não eram mais feitos em discos de vinil, e sim no moderno Compact Disc (CD), que trazia uma qualidade de som muito melhor do que os antigos "bolachões".

Dessa forma, alguns intérpretes famosos, mas que não estavam mais gravando, e outros tantos que até então eram desconhecidos do público, puderam gravar seus próprios Cds. Mas não era tão simples assim, afinal, se por um lado ficou facilitada a gravação de um material inédito, é evidente que passou a existir uma dificuldade maior no que diz respeito à distribuição e venda. Porém isso não foi obstáculo para que diversos intérpretes, terreiros, grupos e escolas de curimba gravassem seus pontos e, corajosamente, fizessem esse trabalho de venda "porta a porta", ou como poderíamos melhor definir, "evento a evento", uma vez que este passou a ser o melhor caminho de divulgação e venda desses materiais. E se em meados dos anos 1970 algumas gravadoras produziram os primeiros vinis de cantigas de festivais, isso passou a ser cada vez mais comum com a chegada do CD independente.

Nomes como Tião Casemiro, José Carlos de Oxóssi, Léo Batuke, Beatriz Nascimento, Márcio Barravento, Edvander Oliveira, Verônica Vasconcelos, Josimar de Oxóssi, Marcelo Varanda, Moisés de Oxalá, Ivo de Carvalho, Genário de Xangô, Suezi Nogueira (RJ), Pai Élcio de Oxalá, Conceição da Jurema, Aldeia de Caboclos, Curimba da APEU, Filhos do Cacique, Pai Renato de Oxalá, Luci Rosa, Alfa e Ômega, Mestre Pedro, Filhos do Axé, Filhos da Umbanda, Sandro Luiz, Grupo Emoriô, Sandro Bernardes, Zezinho de Oxalá, Ogã Cristiano de Iemanjá, Toque de Ouro (SP), Associação Luz Divina (MG), Mestre Marne (SC), Tambores do Paraná (PR) e muitos outros, sendo que alguns até já eram conhecidos regionalmente, passaram a ter suas melodias cantadas em âmbito nacional.

Além disso, surgiram novos selos que, somados, chegaram a distribuir algumas dezenas de títulos: a TBS Produções, a Chama Produções, a Atabaques Records e a Ayom Records.

Se o CD trouxe uma qualidade de som melhor, o fato de o mesmo poder ser copiado em qualquer microcomputador que tivesse um programa específico para isso propiciou, em pouco tempo, uma enxurrada de cópias piratas, muitas vezes de qualidade infinitamente pior, porém com um preço muito mais acessível, que passaram a ser comercializadas em diversas lojas de artigos religiosos e até mesmo em bancas em feiras livres, gerando enormes prejuízos aos que gastaram para produzir suas mídias-mães. Foi a partir desse problema que um novo movimento surgiu na segunda década do século XXI e que vem crescendo cada vez mais: os vídeos distribuídos pela Internet, fazendo com que todos os materiais, novos e antigos, pudessem chegar a qualquer pessoa com a velocidade de um clique no teclado do computador, *tablet* ou *smartphone*, mostrando que o umbandista está "antenado" às novidades e moldando-se ao mercado fonográfico, que hoje está fortemente influenciado pelo mundo dos youtubers e seus canais.

A espiritualidade e a inspiração própria foram e devem continuar sendo fontes inesgotáveis para novas cantigas, por isso esperamos que, independentemente da forma utilizada para divulgação, continuemos difundindo e levando adiante, por intermédio da arte da nossa música sacra, a Bandeira de Oxalá.

Encontros e festivais de curimba

No ritual umbandista, há a presença marcante dos pontos cantados, cantigas utilizadas para louvar, saudar, movimentar energias, para trazer e distribuir o axé para aqueles que estiverem numa sessão espiritual.

Quando alguém recebe um ponto por intermédio de sua ação mediúnica ou quando se escreve uma cantiga tomando todos os cuidados indicados nesta obra, o próximo passo é levar essa mensagem em forma de música adiante. Normalmente os primeiros que serão agraciados com essa cantiga são aqueles que fazem parte da família espiritual do compositor, difundindo o ponto no terreiro onde este é vinculado como membro da corrente.

O ponto cantado é um instrumento para o bom andamento dos trabalhos espirituais, por isso temos o dever de propagar esse conhecimento, principalmente quando se trata de um ponto de raiz, que não possui restrição de uso por outras casas. E como poderíamos fazer isso? Os caminhos são os mais diversos. Além das citadas gravações de produtos fonográficos, não podemos deixar de dar o devido destaque aos encontros e festivais de curimba.

Os encontros de curimbas são eventos em que intérpretes e Ogãs de casas umbandistas, escolas ou grupos se confraternizam apresentando músicas de terreiro, independentemente de serem antigas, novas, de raiz, de Orixá, de entidade etc. Nesse tipo de evento, não existe competição, pois o foco está pura e simplesmente na divulgação das cantigas e na confraternização entre irmãos do mesmo segmento religioso e até de outros considerados coirmãos.

Outros eventos também dão espaço para que as cantigas sejam apresentadas, como, por exemplo, festas em homenagem à Umbanda, passeatas, encontros de sacerdotes e médiuns, palestras e cursos, formaturas e até sessões solenes em Câmaras Municipais ou Assembleias Legislativas.

O destaque positivo está, acima de tudo, na irmandade que esse tipo de evento traz, pois mesmo quando um intérprete se apresenta sozinho, sempre encontrará algum curimbeiro ou Ogã disponível a ajudar, até porque ali a comemoração é pela religião e/ou pela divulgação de cantigas, criando uma verdadeira festa. Além disso, é um caminho para trazer ao conhecimento dos mais novos os pontos antigos, que ao longo do tempo foram sendo esquecidos, mas que ainda se encontram bem vivos na memória dos nossos baluartes.

Os encontros de umbandistas, com foco na curimba ou não, sempre existiram, até mesmo com convenções nacionais (como a que apresentou o "Hino da Umbanda"), porém, nos últimos anos, destacam-se os seguintes eventos: as diversas comemorações ao aniversário da Umbanda em várias regiões do país, o Umbandafest em Bauru/SP, o Encontro de Curimbas promovido pela Fenug em Guarulhos/SP, a Procissão de Xangô em São Paulo, a Festa de Iemanjá no Mercadão de Madureira, no Rio de Janeiro, o Encontro de Curimbas que era promovido pela FTU em Campinas/SP, o Oscar da Umbanda, em São Paulo, a Marcha contra a intolerância religiosa em Copacabana, Rio de Janeiro, o Encontro Oxalá nos Uniu, em Taubaté/SP, o Encontro Ogans em Ação, no Rio de Janeiro, o Encontro Juntos somos mais fortes (promovido pelas *webs* rádios umbandistas de São

Paulo), a Mega Batucada SP, o Encontro de Curimbas da FOUCESP, a Batucada na Praça, o evento Amigos da APEU, entre outros.

Num festival, como o próprio nome indica, tem-se a participação de grupos e intérpretes que, diante de um regulamento previamente apresentado, disputarão por prêmios como troféus, medalhas, certificados e, em alguns casos, até dinheiro. Diferentemente dos encontros, nos festivais a principal característica é a presença de cantigas inéditas, ou que pelo menos nunca tenham tido participações em outros festivais (cada competição tem seu próprio regulamento, que pode até ser modificado ao longo dos anos).

No início, o foco era apenas o ponto cantado, ou quando muito premiava-se também o intérprete e o grupo de Ogãs, afinal, tratava-se de um festival de curimba, porém as competições foram se tornando cada vez mais profissionais, e hoje, além das cantigas, dá-se um destaque especial ao impacto visual do conjunto, inclusive no que é demonstrado pelas coreografias, vestimentas e até ao barulho da torcida.

Muitos pontos usados nos terreros foram frutos de apresentações em festivais, inclusive alguns gravados na década de 1970, quando estes alcançaram maior notoriedade, principalmente no Rio de Janeiro, onde a Umbanda passou a se destacar na mídia. Embarcando nessa massificação da religião, tivemos eventos realizados em grandes espaços públicos, como o que aconteceu no Maracanãzinho e que consagrou campeão um intérprete que viria a ser um dos mais conhecidos do Brasil: Tião Casemiro, que, aliás, carrega um recorde o qual, a nosso ver, dificilmente será batido por alguém, visto que ele conseguiu uma marca histórica por ter vencido 21 festivais seguidos. Nesse período, um outro intérprete também se destacava nos festivais de Umbanda a ponto de tornar-se um dos nomes mais conhecidos na música popular brasileira: Elymar Santos, que em 1972 gravou um disco de vinil compacto em que apresentava as seguintes faixas (uma de cada lado do disco): Boiadeiro de Luanda e Prece a Oxalá.

Se no Rio de Janeiro os festivais existiam desde o final da década de 1960 ou início de 1970, em São Paulo só vieram a acontecer em meados dos anos 1980, ganhando mais destaque depois do ano 2000, quando foram realizados desde pequenos eventos em tendas e terreiros até megaproduções, que lotam casas de shows ou outros espaços públicos.

O ponto positivo dos festivais de curimba está no lançamento de novos pontos cantados, e isso é inegável. O negativo está no comportamento de alguns irmãos de fé após o evento, visto que não é nada incomum as reclamações daqueles que perderam, principalmente quando o evento não tem o cuidado necessário quanto às regras de premiação. Também é uma produção cara e que, pelo caráter competitivo, cada vez mais impede que a maioria das tendas, simples e sem recursos, possam concorrer em um nível de igualdade com agrupamentos consolidados que atuam sob a orientação e com a participação de profissionais, como coreógrafos, estilistas, dançarinos e até músicos como cantores e percussionistas.

Destacaremos aqui alguns desses eventos que marcaram ou ainda marcam seu nome na sociedade umbandista, lembrando que, a cada ano, novos festivais surgem, com características e premiações próprias: Atabaque de Ouro (organizado pelo Icapra/RJ, sob a direção de Marcelo Fritz, em que participam os campeões de festivais do ano anterior de vários estados do Brasil); União dos Divulgadores de Umbanda (UDU), Um Grito de Liberdade (organizado pela Escola de Curimbas e Arte Umbandista Aldeia de Caboclos), Filhos do Axé, Umbanda Jovem, Festival Paranaense de Curimbas, Batuqueiros da Luz, Festival de Cuiabá, Festival de Mogi das Cruzes, Festival da Fecucanb, Festival do Mirua, entre outros. Além destes, um outro evento que levava campeões ou outras curimbas bem colocadas nos seus festivais de origem foi o "Microfone de Ouro", também realizado no estado do Rio de Janeiro.

O número de cantigas que ganhou o mundo depois de serem apresentadas num encontro ou festival é muito grande, mas podemos dar destaque a algumas delas (na relação segue o nome da cantiga, intérprete ou compositor e o ano de apresentação ou composição):

* Casinha Branca – Tenda Espírita Araúna – 1969.
* Flores de Obaluaê – Coro – 1975.
* Festa do Caboclo Folha Verde – Eunice – 1975.
* Pedra Lírio de Xangô – Getúlio Braga – 1975.
* Se suncê precizá – Lavoisier Menezes – 1979.
* Louvação a Iansã (Brilhou no meio do bambuzal) – Israel – 1979.
* Uma flor de Oxum – Tião Casemiro – 1979.
* Olha eu bela Oyá – Waldyr de Oxalá – meados de 1970 ou 1980.
* Brado de Xangô (originalmente "Xangô da Pedreira") – Ivo de Carvalho – 1988.
* Um grito de liberdade – Aldeia de Caboclos – 2006.
* Belezas de Oxum – Ogan Daniel – 2006.
* Onde está o Erê – Marcio Barravento – 2006.
* Senhor das Palhas – Marcio Barravento – 2007.
* Esperança para um novo amanhecer – Edvander Oliveira e Verônica Vasconcelos – 2008.
* Adorei as Almas – APEU – 2009.
* Um canto a Iemanjá – Filhos do Axé – 2010.
* Depende da tua fé – Mestre Pedro – 2010.
* Saudação ao Caboclo Boiadeiro da Jurema – APEU – 2010.
* Ela é Oyá – Sandro Luiz e TUC Tupinambá e Sultão das Matas – 2012.
* Foi na Umbanda – Pai Benedito de Angola – 2013.

É certo que, se antes os festivais tinham força de divulgar os pontos regionalmente, a partir de 2004, com o surgimento do Atabaque de Ouro e com a gravação do CD "As campeãs dos festivais de Umbanda 2004", em que constavam todas as cantigas que participaram do festival, e ainda mais, com a distribuição do CD com os pontos cantados que concorreram em 2006 em todo território nacional numa parceria com a *Revista Espiritual de Umbanda*, a amplitude desse tipo de competição ficou ainda mais acirrada. No início participavam, praticamente, apenas intérpretes do Rio de Janeiro, mas isso mudou e, nos últimos anos, tivemos representantes de vários estados do Brasil, como São Paulo, Goiás, Paraná, Amapá, Rio Grande do Sul e Mato Grosso.

Como foi falado, o número de cantigas transmitidas é enorme, por isso é impossível dar destaque a todas, mas esperamos que estas sirvam de exemplo sobre a importância de levar adiante a mensagem dos pontos cantados, novos e antigos. Com o advento da Internet, ficou ainda mais fácil essa divulgação, assim, as cantigas que antes eram apreciadas apenas pelos participantes e pelo público presente nos festivais, com a modernidade cada dia mais presente, tudo pode ser assistido e compartilhado em gravações posteriores, ou até mesmo ao vivo, na Internet e nas redes sociais.

Além de festivais de música umbandista, existem outros grandes eventos que têm como divulgação a música afro-brasileira e dos cultos da nação africana. Apenas como exemplo, citamos o Alaiandê Xirê, festival internacional que foi realizado pela primeira vez em 1998 e que reúne grandes sacerdotes e percussionistas da música sacra, Alabês (nagôs/alaketo), Huntós (jejês) e Xicarangomas (congo/angola) do Brasil e de outros países.

Com vistas a exemplificar como os pontos podem ser difundidos pelos festivais, encontros e eventos, seguem abaixo as letras de cantigas que apresentamos com a curimba da APEU e que hoje são entoadas por diversas tendas espalhadas pelo Brasil.

Cantiga: Adorei as Almas*
Compositor: Sidney da Costa Mattos

Adorei, adorei,
Adorei as Almas, adorei
(bis)

Negro vem lá de Aruanda
Vem trazer a sua luz
Com a sua humildade
Negro traz felicidade
Traz a paz e o amor

Adorei, adorei,
Adorei as Almas, adorei
(bis)

Com os seus ensinamentos
Com a sua proteção
Negro cura os enfermos
E desfaz todo lamento
Purifica o coração

Adorei, adorei,
Adorei as Almas, adorei
(bis)

Agradeço a nossa Umbanda
Agradeço a Oxalá
Pela oportunidade
De fazer a caridade
Agradeço ao meu bom Deus

A seguir, mostramos um *pot-pourri* cujas cantigas foram muito bem-aceitas pelo público e que hoje são cantadas nos terreiros,

---

* Apresentada pela Curimba da APEU, campeã do 1º Festival da UDU/Aldeia de Caboclos em 2009. 4º Colocada Geral no 6º Atabaque de Ouro de 2010.

encontradas em vídeos do YouTube e que até foram gravadas por Genário de Xangô num CD especial aos boiadeiros.

Cantiga: Saudação ao Caboclo Boiadeiro da Jurema e seus falangeiros[**]

Prece ao Caboclo Boiadeiro da Jurema
Inspirada a Sandro Mattos

Caboclo Boiadeiro da Jurema
Vós que sois o nosso Mestre
Vós que sois o responsável pelos Ogãs desta casa
Abençoai-nos meu Pai!
Que a vossa luz e o axé do Povo Boiadeiro
Possam abençoar a todos os meus irmãos Ogãs,
Curimbeiros, Atabaqueiros
Alabês e Calofés de todos os povos que cultuam
Os nosso Sagrados Orixás
Sua benção meu Pai!
Jetruá!

Pontos

Eu vi a mata se abrir
E um grande guerreiro passar
(bis)
E ele veio com um lindo diadema
Jetruá para o Caboclo Boiadeiro da Jurema
(bis)

[**] Compositores do pot-pourri: "Lindo diadema" (Sandro Mattos), "Que laço é esse" (Sidney Mattos), "Vou fazer um chicote" (Wanderley Cunha). Apresentada pela Curimba da APEU, campeã do 1º Festival Filhos do Axé, em 2010, e no Atabaque de Ouro, em 2011.

Que laço é esse, meu irmão, que traz no peito?
Que laço é esse, meu irmão, do que que é feito?
(bis)
Oi esse laço, meu irmão, é de cipó
Foi boiadeiro, meu irmão, quem deu o nó
(bis)

Aquele boi que morreu lá na estrada
Ninguém queria e eu não podia fazer nada
(bis)
Então pensei: o couro vou aproveitar
Vou fazer um chicote pro meu guia trabalhar
(bis)
Jetruê! Jetruá!
Vou fazer um chicote pro meu guia trabalhar
(bis)

O hino da Umbanda

A letra do "Hino da Umbanda" foi escrita por José Manuel Alves (J. M. Alves), um português nascido em Monções em 1907. Em 1929, veio para o Brasil e foi morar em São Paulo, onde ingressou na Banda da Força Pública e se aposentou como capitão.

A história nos conta que esse músico e compositor fez grandes sucessos, entre os quais destacamos "Pombinha branca", uma das marchinhas de carnaval mais cantadas até os dias atuais, além do "Hino do IV Centenário de São Paulo". Muitos foram os artistas que cantaram suas canções, dentre eles, destacamos: Osni Silva, Ênio Santos, Mário Zan, Carlos Gonzaga, Grupo Piratininga, Juanita Cavalcanti, Nilza Miranda e Irmãs Galvão.

Muitos artigos colocados em sites e blogs de Umbanda afirmam que J. M. Alves era cego e que foi procurar a Tenda Nossa Senhora da Piedade em busca de cura para seu problema. Atendido pelo Caboclo das Sete Encruzilhadas, manifestado em Zélio Fernandino de Moraes, ficou sabendo que sua "cegueira" (ou dificuldade visual em menor grau, visto que não existe nenhuma prova de que ele era mesmo cego) se tratava de um resgate cármico, recebendo então as orientações necessárias da sua missão nesta encarnação e de como ele poderia buscar sua evolução espiritual.

Não sabemos se essa história é verídica, porém o que importa é que ele se apaixonou por essa nova doutrina religiosa, escrevendo não só a letra do "Hino da Umbanda" como muitas cantigas utilizadas até os dias de hoje. Destacamos que os pontos cantados escritos por ele geram uma vibração muito boa, pois possuem profundidade e beleza nas mensagens de suas composições.

Diversos intérpretes gravaram suas cantigas de terreiro, como, por exemplo, Otávio de Barros, que gravou em 1961 a faixa "Saravá Banda", e a cantora Maria do Carmo, que em 1962 gravou "Prece à Mamãe Oxum".

Muitos afirmavam (inclusive eu) que o "Hino da Umbanda" tinha sido oficializado em 1961, no 2º Congresso de Umbanda realizado na cidade do Rio de Janeiro, quando foi apresentado ao público na voz do cantor Araripe Barbosa, acompanhado pela Orquestra de Hélcio Álvares e pelo Coral de Eloá, porém, em pesquisas mais recentes, que contam com pessoas que vivenciaram os acontecimentos da época, podemos corrigir essa informação. Segundo o Mestre Marne Franco Rosa, um dos grandes baluartes da nossa religião, residente em Balneário Camboriú/SC e que era membro do Conselho Nacional Deliberativo de Umbanda, embora a apresentação tenha acontecido no 2º Congresso de Umbanda, sua oficialização como "Hino da Umbanda" só teria sido concretizada em março de 1976, com sua aprovação na 1ª Convenção do CONDU, realizada no Hotel Glória, também na cidade do Rio de Janeiro. Conforme informações passadas pelo Mestre Marne, que integrou o grupo das 34 autoridades religiosas que estavam presentes na reunião, o hino escrito por J. M. Alves foi aprovado pelos representantes das diversas federações associadas e que ele avisou ao presidente da Convenção, Sr. Jerônimo Vanzeloti, que nada cobraria pelos direitos autorais, deixando, em contrapartida, algumas exigências, como: que seu nome fosse mantido como autor, que a letra da música não fosse alterada e que todos que entoassem o hino colocassem a **mão direita sobre o coração** em sinal de respeito. Essa informação, anos mais tarde, foi colocada numa matéria especial sobre o centenário da Umbanda, publicada no *Jornal Icapra*, n. 30, porém, de acordo com o texto colocado, a oficialização teria ocorrido não na 1ª, mas na 2ª Convenção da instituição, realizada no mesmo hotel, só que em agosto de 1978.

O certo é que, mesmo antes dessa oficialização organizada na reunião do CONDU, o hino era entoado na maioria das tendas umbandistas, que o aceitavam como tal desde o congresso ocorrido no início dos anos 1960.

A música (partitura) do hino foi composta por Dalmo da Trindade Reis, que era Maestro Tenente do Conjunto Musical da Polícia Militar do Rio de Janeiro. Antes da apresentação desse hino, outros foram escritos e até mesmo gravados denominando-se o "Hino da Umbanda", mas não foram abraçados pelos adeptos como este, que se tornou o oficial. Um exemplo que merece destaque é de um disco intitulado "Arijé", gravado em rotação 78, que pelas características deve ser da década de 1940 ou 1950 e que tem em sua única faixa a música: "Hino umbandista", cuja letra é de autoria de Iris Fossati Guimarães e Jerson D'Oliveira e a música é do maestro porto-alegrense Radamés Gnattali. O disco é tão raro que tudo indica que nem mesmo a família do maestro Radamés sabia da existência desse material.

Hino umbandista gravado pela Orquestra Radamés Gnattali

Avante! Avante!
Umbandistas, sol do novo porvir
Oxalá nos aponta
O caminho que devemos seguir
Sempre avante lutando
Para o bem da humanidade
Sob a luz desse ideal
Nossa Lei será a caridade

A nossa fé, a nossa luta
Será salvar a todo irmão
Pois só assim cumpriremos
Nossa sagrada missão
Seja na terra ou no céu
Estaremos a servir
A Legião Umbandista
Do nosso imenso Brasil

Encontramos também na obra *O espiritismo segundo a Umbanda integral*, com mensagens captadas por Augusto Aparecido de Lima, a letra de hino citado por "Irmão Miro", como sendo o hino desse segmento específico da religião.

Hino da Umbanda Integral

Em êxtase divina, Deus sonhou:
Criaria o Homem, o Universo
Do sagrado sonho Ele acordou
E louvou a Sua criação em prosa e verso!
Sonho do Senhor, agora já realidade
Soam os acordes das liras e harpas dos anjos
Dominando os Espaços e a felicidade
Da dança poética dos serafins e arcanjos!
Brilha a intensa e divina luz
Em miríades de cores fulgurantes
Nos caminhos de flores que conduz
Às moradas eternas tão distantes!
E, para o sucesso da divina escalada
Permite o Senhor haja a Umbanda Integral
Doutrina pelos espíritos de luz revelada
Para no Mundo deles, a entrada triunfal!
Salve pois, a novel Doutrina
Que da vontade de Deus surgiu

Iluminando as almas peregrinas
Que os Reveladores com amor ungiu!

Hino oficial da Umbanda
Letra: J. M. Alves
Música: Dalmo da Trindade Reis

Refletiu a luz divina
Em todo seu esplendor
É do Reino de Oxalá
Onde há paz e amor
Luz que refletiu na terra
Luz que refletiu no mar
Luz que veio de Aruanda
Para tudo iluminar
Umbanda é paz e amor
Um mundo cheio de luz
É força que nos dá vida
E à grandeza nos conduz
Avante filhos de fé
Como a nossa Lei não há
Levando ao mundo inteiro
A bandeira de Oxalá

Uma vez que, naquela época, muita coisa era passada para os adeptos apenas de forma oral, é comum encontrarmos umbandistas que cantem o hino de forma equivocada. Como cada um cantava o que entendia, os erros foram se alastrando. Pesquisando em diversas gravações antigas, encontramos algumas que trazem diferenças na letra do hino, ampliando ainda mais essas dúvidas, principalmente na segunda linha: "Com todo seu esplendor" (como na gravação do disco "Festival de Cantos de Umbanda" gravado em 1975) e "Em todo seu esplendor" (no disco "No Reino de Umbanda – Cantos do Ritual – Maria D. Miranda e Corimba da Tenda Ogum Urubatão") ou na terceira linha: "É do Reino de Oxalá" (como no disco "Pontos de Umbanda – Abertura e Encerramento de Trabalhos – Curimba da Tenda de Umbanda Luz e Verdade" gravado em 1971) e em outras "Vem do Reino de Oxalá" (como na partitura exposta abaixo que, pela assinatura indicada no documento, mesmo com alguns erros em relação à letra oficial escrita por J.M., seja uma cópia original da partitura escrita pelo próprio Dalmo da Trindade Reis).

Partitura do "Hino da Umbanda"*

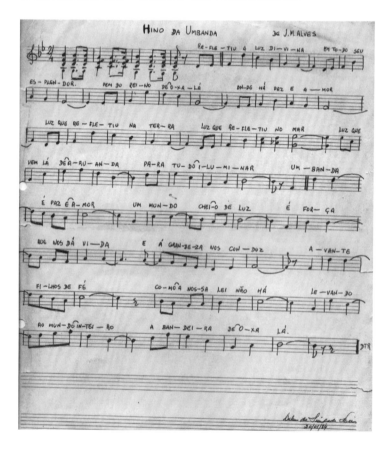

1 Partitura datada de 20/01/1984 assinada por Dalmo da Trindade Reis
Fonte: http://mandaladosorixas.blogspot.com.br

Hoje em dia, a maioria dos terreiros canta o "Hino da Umbanda" em seus trabalhos litúrgicos, bem como em todos os eventos culturais, sociais ou religiosos, porém o mais comum é presenciarmos seu acompanhamento apenas com instrumentos de percussão, como os atabaques e outros complementares, mas nem sempre foi assim. Em meados dos anos 1960 e 1970, muitas tendas tinham bandas que acompanhavam o hino com outros instrumentos, como trompetes, tubas, clarinetes etc. Como a partitura encontrada é de 1984, percebe-se que, ou esta não é a data oficial da sua composição, sendo este, um documento feito posteriormente, ou que, Dalmo, na verdade, teve a incumbência de aperfeiçoar os arranjos e transcrever a música em forma de partitura, uma vez que a melodia já era conhecida pelos adeptos da religião. Isso pode ser afirmado porque na década de 1960, no bairro de Vila Formosa, na zona leste de São Paulo, a Tenda de Umbanda Pai Domingos, dirigida pelo saudoso Pai Antonio Valentin, entoava o "Hino da Umbanda" acompanhado pela banda infantojuvenil formada por alunos do curso de música, ministrado gratuitamente na instituição.

De qualquer forma, esperamos que, agora, com a letra correta, todos passem a entoar o Hino Oficial da Umbanda como o mesmo foi escrito por José Manuel Alves.

Cifras para tocar o Hino da Umbanda no violão

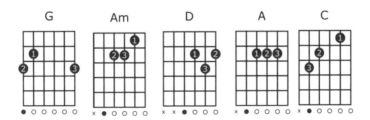

G
Refletiu a luz divina
   Am
Em todo seu esplendor
   Am
É do reino de Oxalá
   G
Onde há paz e amor
G
Luz que refletiu na terra
   Am
Luz que refletiu no mar
   G
Luz que veio de Aruanda
  D   **G**
Para tudo iluminar
G   **Am**
Umbanda é paz e amor
   G
Um mundo cheio de luz
  D
É força que nos dá vida
  G
E a grandeza nos conduz.
  Am
Avante filhos de fé,

Como a nossa Lei não há,
C   **G**
Levando ao mundo inteiro
  D **G**
A Bandeira de Oxalá !

Frisamos que, na literatura mais antiga, não temos indicações a respeito de algum ponto cantado que fosse classificado como a composição-mor, aquela que representa a nossa religião. O máximo que encontramos foi uma letra mais semelhante a uma espécie de invocação ou prece, com muitos termos em Tupi e Iorubá, saudando as representações das Potestades Sagradas (Orixás) da Umbanda e que estava intitulada: "Hino de Umbanda" na obra *Codificação da Lei de Umbanda* (1960) de Emanuel Zespo. Porém, na mesma obra, outras invocações também eram denominadas como hinos.

Para encerrar este capítulo, não poderíamos deixar de citar que a letra original do hino não tem nenhuma menção à repetição de qualquer uma das suas estrofes, porém, embora não se tenha registro de como isso começou, os umbandistas passaram a repetir a última (Levando ao mundo inteiro / A bandeira de Oxalá), criando um costume que já foi enraizado na maioria das tendas espalhadas pelo Brasil.

A MPB de influência afro-religiosa

Se o termo *gospel* significa um estilo musical popular que transmite ensinamentos de Cristo, isso pode ser aplicado em qualquer religião que segue os ditames de Jesus. Apesar de ter nascido em berço protestante, mais precisamente nos Estados Unidos da América, compreendemos que não só os artistas evangélicos, mas também os católicos ou espíritas, que pregam sua fé levando em conta somente o que está na base do evangelho, são músicos gospel.

Os cultos de matrizes africanas, bem como a Umbanda, também são representados por artistas que, há mais de cem anos, entoam suas músicas populares como uma forma de expressão de sua fé, demonstrando o amor que possuem pelos Orixás, levando para o público, em geral, os ensinamentos dos mentores espirituais, os nomes dos guias e de grandes baluartes da nossa religião.

Tudo começou ainda no início do século XX, visto que em 1922 a rádio chegou ao Brasil, tornando-se um privilegiado meio de comunicação, permitindo que gêneros populares passassem a ser veiculados, mesmo que gradativamente, em âmbito nacional. Foi a partir daí que cantores, principalmente de samba e ritmos congêneres, de uma maneira camuflada, gravaram o que eles mesmos classificavam como "pontos de macumba", só que como músicas populares. Em outras oportunidades, alteravam as letras desses pontos para que se tornassem mais próximas do que seria um produto comercial, permitindo que pudessem ser aceitas nas rádios. Foi dessa forma que conseguiram levar um pouco da sua profissão de fé para seus fãs e para o público em geral.

Já falamos de J. B. de Carvalho, mas outros grandes nomes da nossa música também tiveram extrema importância, porém muitos não migraram para a gravação de cantigas exclusivas de terreiro, e sim formaram sua carreira entoando o nome dos Orixás, suas lendas, orações e tudo mais que pudessem colocar na chamada música popular brasileira.

Um dos trabalhos pioneiros foi o de Chiquinha Gonzaga, que lançou "Candomblé" em 1888, um batuque composto em parceria com Augusto de Castro. Outros que semearam esse mercado foram Eduardo Souto e João da Praia, com "Pemberê" em 1921 e Sinhô, com "Macumba Jêje", em 1923. A Rádio Fonográfica Brasileira lançou o álbum "Macumba", gravado em 45 rotações por Heitor dos Prazeres em 1929.

Entre os anos de 1930 e 1950, o crescimento das indústrias fonográficas e cinematográficas e da radiodifusão proporcionaram um impulso da música brasileira, e as referências ao universo afro-religioso aproveitaram esse momento para difundir seu trabalho. Artistas como Mano Elói, Heitor dos Prazeres, Ataulfo Alves, Léo Peracchi, Lenita Bruno, Jorge Fernandes, Pixinguinha, João da Baiana, Quarteto de Bronze, Jorge Veiga, Paraguaçu, Donga, Zé Espinguela, Almira, Blecaute, Orlando Silva, Ari Barroso, Dircinha Batista, Herivelto Martins, Dorival Caymmi e outros foram, juntamente com J. B., os precursores desse segmento, que ganhou vários seguidores ao longo das décadas seguintes. Como supracitado, muitos eram os conjuntos ou grupos que acompanhavam esses intérpretes: Orquestra Victor Brasileira, Orquestra Radamés Gnatalli e o Conjunto Tupi (neste, além de J. B. de Carvalho, também fez parte

Herivelto Martins, que depois formou, em 1938, o Trio de Ouro com sua esposa, Dalva de Oliveira, e Nilo Chagas, cuja primeira gravação foi da faixa "Na Bahia", onde eles acompanhavam a internacionalmente famosa Carmem Miranda).

Na contramão dessa associação do samba aos cultos africanos, Noel Rosa lançou em 1934 a canção "Feitiço da Vila", trazendo em seus versos: *A Vila tem um feitiço sem farofa, sem vela e sem vintém, que nos faz bem / Tendo nome de princesa, transformou o samba num feitiço decente que prende a gente.* Essa música ainda hoje levanta polêmica, pois existem no mínimo duas hipóteses para as intenções do conhecido poeta: uma é a de que construiu a letra com real teor racista ou no mínimo elitista, e a outra é que seu desejo fora o de mostrar que o bairro de Vila Isabel era capaz de construir sambas que por si só encantavam a todos, brancos e negros, sem a necessidade da ajuda da "magia africana".

Algumas músicas gravadas na primeira metade do século XX ficaram imortalizadas e são cantadas até os dias atuais, como: "Banzo", de Hekel Tavares e Murilo Araújo, gravada em 1933 por Jorge Fernandes (regravada anos mais tarde por Osni Silva, "Os Tincoãs" e até Inezita Barroso); "Pisei num despacho", de Geraldo Pereira e Elpídio Viana, gravado por Ciro Monteiro em 1947; "É doce morrer no mar", de Dorival Caymmi e Jorge Amado (1941); e "General da Banda", grande sucesso do carnaval de 1949 cantado por Blecaute, mas que foi composto por Tata Tancredo Silva Pinto, sacerdote de grande influência, autor de vários livros, principalmente falando da Umbanda Omolocô, e fundador da Confederação Umbandista do Brasil.

A partir de 1960, a música brasileira passou a absorver ritmos de outros países, transitando em diversos gêneros, como *rock, pop, soul,* dando suporte para que outros ritmos nacionais ganhassem ainda mais espaço e evidenciando a presença não só do samba, que se tornara uma marca nacional, mas também de outros movimentos como a bossa nova, a jovem guarda, o tropicalismo, o forró, o baião, a música sertaneja, o *rock, o rap, o funk*, dentre outros que depois vieram a fazer parte do cotidiano do nosso povo. Em todos esses segmentos, observamos a presença cada vez mais marcante da música popular de influência afro-religiosa.

Música: General da Banda
Composição: Tancredo Silva, Sátiro de Melo e José Alcides
Intérprete: Blecaute

Chegou general da banda ê ê
Chegou general da banda ê a
Chegou general da banda ê ê
Chegou general da banda ê a
Mourão, mourão
Vara madura que não cai
Mourão, mourão, mourão
Catuca por baixo que ele vai
Mourão, mourão
Vara madura que não cai
Mourão, mourão, mourão
Catuca por baixo que ele vai

Apenas como referência, de acordo com o historiador Marcos Napolitano[*], no 3º Festival de MPB da Record, realizado em 1967, foram escritas 191 músicas que faziam alguma referência à Umbanda ou aos cultos afros (especialmente a Iemanjá). Além dele, outro estudioso de renome, Reginaldo Prandi[**], afirma que somente no século XX foram gravadas cerca de mil músicas do gênero.

De forma cronológica, destacaremos alguns dos trabalhos gravados nesse período:

---

[*] Doutor em História Social, especialista em História da Cultura – USP.
[**] Doutor em Sociologia, especialista na cultura afro-brasileira.

* Um pouco antes dos anos 1960, a gravadora Sinter entrou com força no mercado, apostando em intérpretes conhecidos, tanto que, em 1955, lançou o LP "Ataulfo Alves, suas Pastoras e seus sucessos", que trouxe a música: "Pai Joaquim D'Angola".

* Siri do Forró gravou "Fui da Umbanda" em 1965.

* Wilson Miranda com Sambossa, em 1966, gravaram "Canto de Ossanha". A mesma música foi regravada depois por Baden Powell e Vinicius de Moraes, que também gravaram "Ponto do Caboclo Pedra Preta".

* Ainda em 1966, tivemos "Feitiço do Broto", de Carlos Imperial, na voz de Rosemary.

* Maria Creuza lançou "Festa no Terreiro de Alaketu" em 1967.

* "Segura este samba – Ogunhê!", com Beth Viana, em 1968.

* Noriel Vilela (ex-integrante dos "Cantores de Ébano"), com o disco "Eis o ôme", de 1968, trazendo a temática da Umbanda em todas as faixas. Nesse disco, destacamos o sucesso: "Só o Ome".

Música: Só o Ome
Composição: Noriel Vilela
Intérprete: Noriel Vilela

Ah mô fio do jeito que suncê tá
Só o ôme é que pode ti ajudá
Ah mô fio do jeito que suncê tá
Só o ôme é que pode ti ajudá

Suncê compra um garrafa de marafo
Marafo que eu vai dizê o nome
Meia-noite suncê na incruziada
Distampa a garrafa e chama o ôme
O galo vai cantá suncê escuta
Rêia tudo no chão que tá na hora
E se guáda noturno vem chegando

Suncê óia pa ele que ele vai andando
Ah mô fio do jeito que suncê tá
Só o ôme é que pode ti ajudá
Ah mô fio do jeito que suncê tá
Só o ôme é que pode ti ajudá

Eu estou ensinando isso a suncê
Mas suncê num tem sido muito bão
Tem sido mau fio mau marido
Inda puxa saco di patrão
Fez candonga di cumpanheiro seu
Ele botou feitiço em suncê
Agora só o ôme à meia noite
É que seu caso pode resolvê

Ainda em 1968, Canarinho (o mesmo que depois ficou famoso como humorista, atuando em programas como "A Praça é Nossa" do SBT) gravou o que tudo indica ser um ponto, porém em formato de samba, intitulado: "Caboclo Tibiriçá". Também foi o ano em que Jair Rodrigues gravou "Casa de Bamba", de Martinho da Vila, em seu álbum "Jair de todos os sambas".

Um dos maiores trabalhos em favor da divulgação da nossa fé foi, sem dúvida nenhuma, a faixa "Festa de Umbanda", um *pot-pourri* de pontos de terreiro gravado em 1969 por Martinho da Vila no álbum "Canta, canta, minha gente".

Música: Festa de Umbanda
Composição: Domínio público
Canta: Martinho da Vila

O sino da igrejinha faz belém, blem, blam
Deu meia-noite, o galo já cantou
Seu Tranca-Ruas que é dono da gira

Oi corre gira, que Ogum mandou

Tem pena dele Benedito tenha dó
Ele é filho de Zambi,
Ô São Benedito tenha dó

Tem pena dele Nanã, tenha dó
Ele é filho de Zambi
Ô Zambi tenha dó

Foi numa tarde serena, lá nas matas da Jurema
Que eu vi o caboclo bradar
Quiô... Quiô, quiô, quiô, quiera
Sua mata está em festa
Saravá seu Seu Sete Flechas
Que ele é rei da floresta

Quiô... Quiô, quiô, quiô, quiera
Sua mata está em festa
Saravá seu Mata Virgem
Que ele é rei da floresta

Quiô... Quiô, quiô, quiô, quiera
Sua mata está em festa
Saravá seu Cachoeira
Que ele é rei da floresta

Vestimenta de caboclo é samambaia
É samambaia, é samambaia
Saia caboclo, não me atrapalha
Saia do meio da samambaia

Depois de Martinho, muitos outros artistas gravaram e continuam gravando esses pontos, principalmente "O sino da igrejinha", que virou um clássico, sendo depois regravado ou apresentado por nomes como: Afoxé Povo de Rua, Combo Afro-Candango,

Monobloco, Otto, Carlinhos Brown, Sambanzo, Surto Trópico Remix, Projeto Samb'Urbano, Raul Rodrigues, Rita Benedictto e até mesmo pelo Coral da Fundap.

Vinicius de Moraes, em parceria com Toquinho, gravou "Canto de Oxum", em 1971, e "Meu Pai Oxalá", em 1972. Nesse mesmo ano, Ronnie Von imortalizou a música "Cavaleiro de Aruanda", e Luiz Américo, juntamente com Braguinha, foi o autor de "Filho da Véia".

Nessa onda afro-umbandista, nem mesmo o *rock* do "maluco beleza", Raul Seixas, ficou de fora. Em 1973, todos surpreenderam-se com os arranjos feitos com a percussão trazendo ritmos típicos de terreiro na canção "Mosca na sopa" e depois, em 1976, na música "Eu nasci há dez mil anos atrás" com uma letra que continha a frase: *Eu li os símbolos sagrados de Umbanda*. No mesmo ano lançou "Ave Maria da Rua", em que fazia a alusão sincrética da Mãe de Jesus com Iemanjá.

Em 1977, a Som livre lançou o álbum "Canto de fé" com interpretações consagradas como "Xangô o vencedor" (Ruy Maurity), "Moça bonita" (Ângela Maria) e "Rainha dos sete mares" (Elza Soares).

Com base no exposto, percebe-se o imenso número de canções interpretadas e reinterpretadas que passaram a louvar em suas letras o universo afro-umbandista. Artistas e bandas consagrados, como Os Tincoãs, Wando, Os Afro-Sambas, Gilberto Gil, Gal Costa, Maria Bethânia, Nara Leão, Elis Regina, Jorge Ben (depois Jorge Ben Jor), Clementina de Jesus, Alcione e outros mais, fizeram parte desse seleto rol. Além desses, não poderíamos deixar de registrar três dos grandes ícones da música de influência religiosa afro, cada um no seu tempo, mas que, com suas características próprias, arremataram milhões de fãs: Clara Nunes, Bezerra da Silva e Zeca Pagodinho.

Clara Nunes, mineira de Paraopeba, nasceu em 12 de agosto de 1943. Apesar de ter ficado órfã muito cedo (com apenas dois anos de idade), é evidente que suas primeiras influências musicais vieram do pai, conhecido como Mané Serrador, um violeiro, cantador de Folias de Reis. Com 16 anos, mudou-se para Belo Horizonte e passou a fazer parte do coral da igreja. A partir de 1960, começou a fazer apresentações como cantora em algumas casas noturnas, participou de festivais de música e chegou a ser contratada pela Rádio Inconfidência de BH e pela TV Itacolomi, mas em 1965 foi para o Rio de Janeiro, onde apresentou um programa com José Messias na TV Continental. Nesse mesmo ano, assinou contrato com a Gravadora Odeon, lançando seu primeiro disco em 1966: "A adorável voz de Clara Nunes".

A partir de 1970, suas músicas assumiram efetivamente um compromisso mais sólido com a Umbanda e com o Candomblé, muito embora seu contato com as religiões dos Orixás fosse muito anterior a isso, visto que frequentava terreiros desde o final da década de 1950.

Sua primeira música gravada nesse do gênero foi "Guerreiro de Oxalá", registrada em seu terceiro LP intitulado "A beleza que canta", de 1969. O produtor do disco foi Carlos Imperial, que também foi o compositor da canção. É importante ressaltar que esse conteúdo vinha sendo explorado por diversos nomes de grande expressão da MPB, mas Clara Nunes ganhou maior destaque porque ela fez da sua carreira uma missão de fé. Diferentemente de outros contemporâneos dela, que gravavam temas afro-religiosos num período que era moda ser "macumbeiro" (sem generalizar), ela o fez em toda sua carreira. Além disso, construiu uma imagem áudio e visual nesse sentido, uma vez que se apresentava vestida como filha de santo, com todos os preceitos que a religião impunha. Se já não bastasse todo seu poder de voz, sua beleza física e seu carisma, ela ainda adotava toda uma performance, inclusive com danças típicas do culto. Também foi uma das primeiras pessoas a assumir seu vínculo com a religião.

Essa maravilhosa sambista foi, sem dúvida, uma guerreira pela coragem de se expor como filha de fé, e não poderia ser diferente, visto que era filha de Iansã e Ogum, porém, para a tristeza dos amantes da música brasileira, inclusive daqueles que não cultuavam as religiões de cunho afro, faleceu com apenas 39 anos de idade, em 2 de abril de 1983, vítima de um choque anafilático em decorrência de uma cirurgia para retirada de pequenas varizes, deixando um legado gigantesco, com cantigas como "Aruandê... Aruandá", "Ilu Ayê – terra da vida", "Tributo aos Orixás", "Sindorerê", "Conto de areia", "A deusa dos Orixás", "Canto das três raças", "Guerreira", "Ijexá", "O mar serenou", "Filhos de Gandhi", "Banho de manjericão", "Bela cigana", "Afoxé para Logun", "Iansã", "Homenagem a Olinda, Recife e Pai Edu", "Lenda das sereias", "Mãe África", "Embala eu", "Mandinga", "Oxum areia branca", entre outras.

Música: Guerreira
Composição: Paulo César Pinheiro e João Nogueira
Intérprete: Clara Nunes

Se vocês querem saber quem eu sou
Eu sou a tal mineira
Filha de Angola, de Ketu e Nagô
Não sou de brincadeira
Canto pelos sete cantos
Não temo quebrantos
Porque eu sou guerreira
Dentro do samba eu nasci
Me criei, me converti
E ninguém vai tombar a minha bandeira

Bole com samba que eu caio e balanço o balaio no som dos tantãs
Rebolo que deito e que rolo
Me embalo e me embolo nos balangandãs
Bambeia de lá que eu bambeio nesse bamboleio
Que eu sou bam-bam-bam
Que o samba não tem cambalacho
Vai de cima embaixo pra quem é seu fã

Eu sambo pela noite inteira
Até amanhã de manhã
Sou a mineira guerreira
Filha de Ogum com Iansã

Salve o Nosso Senhor Jesus Cristo!
Epa Babá, Oxalá!

Salve São Jorge Guerreiro, Ogum!
Ogunhê, meu Pai!

Salve Santa Bárbara!
Eparrei, minha mãe Iansã!

Salve São Pedro!
Kaô Kabesilê, Xangô!

Salve São Sebastião!
Okê Arô, Oxóssi!

Salve Nossa Senhora da Conceição!
Odofiabá, Iemanjá!

Salve Nossa Senhora da Glória!
Ora yeyê ô, Oxum!

Salve Nossa Senhora de Santana, Nanã Burukê!
Saluba Bobó!

Salve São Lázaro!
Atotô, Obaluaê!

Salve São Bartolomeu!
Arrobobô, Oxumaré!

Salve o povo da rua!
Salve as crianças!
Salve os preto velhos!
Pai Antônio, Pai Joaquim de Angola, Vovó Maria Conga!

Saravá!
E salve o Rei Nagô!

Bole com samba que eu caio e balanço o balaio no som dos tantãs
Rebolo que deito e que rolo
Me embalo e me embolo nos balangandãs
Bambeia de lá que eu bambeio nesse bamboleio
Que eu sou bam-bam-bam
Que o samba não tem cambalacho
Vai de cima embaixo pra quem é seu fã
Eu sambo pela noite inteira
Até amanhã de manhã
Sou a mineira guerreira
Filha de Ogum com Iansã

Eparrei, Oyá!

Com a morte de Clara Nunes, a Umbanda sentiu-se um pouco órfã no que diz respeito a ter alguém que a representasse artisticamente, especialmente no ramo musical, porém, como no Universo tudo é cíclico, outros intérpretes surgiram, se não com o mesmo impacto visual, ao menos com cantigas que resgataram esse sentimento aos adeptos dos cultos afro-brasileiros.

Se os anos 1960 e, principalmente, a década de 1970 marcaram o auge da música afro-umbandista cantada em todos os cantos do Brasil por diversos intérpretes da MPB, os anos 1980 foram um pouco menos marcantes, muito embora também tenham despontado outros nomes. Como destaque, podemos citar dois deles em especial, ambos do mundo do samba e do partido alto: Bezerra da Silva e Zeca Pagodinho.

Bezerra da Silva foi um pernambucano de Recife, nascido em 23 de fevereiro de 1927, mas que se instalou no Rio de Janeiro com

15 anos. O início de sua carreira musical não foi fácil e chegou a viver nas ruas de Copacabana, quando foi acolhido por um terreiro de Umbanda, onde descobriu sua mediunidade e seu destino musical. Sua carreira começou em 1974, e suas canções falavam do universo das comunidades do Rio de Janeiro e, dentro desse contexto, o mundo dos terreiros, com um detalhe importante: em seus trabalhos era presente não só o lado positivo da religião, mas também soube, como ninguém, com seus sambas hilários, falar a respeito dos falsos umbandistas que usam a fé alheia como uma fonte de sustento. Entre as músicas que marcaram sua carreira encontramos: "Bata da vovó", "Meu pai é General de Umbanda", "O Filho da Juremá", "Zé Fofinho de Ogum", "Vovô cantou pra subir", "Sereia", "Pai véio 171", "Cabeça pra vovó" e "Arruda de guiné". Nota-se a presença marcante dos Pretos Velhos em suas melodias, talvez não seja à toa que ele tenha participado do disco intitulado "Na gira de preto-velho", cantando na faixa "Bate tambor lá na Angola". Em 2001, seguindo a onda de diversos adeptos da religião que foram envolvidos pelo poder das chamadas "igrejas eletrônicas", converteu-se ao segmento protestante neopentecostal, vindo a falecer em janeiro de 2005.

Meu Pai é General de Umbanda
Compositores: Regina do Bezerra, 1000tinho e Jorge Garcia
Intérprete: Bezerra da Silva

Tudo que eu peço a vovó ela faz
Também o que eu peço a vovô ele faz.
(bis)

Ele é rei de Aruanda, mas vovó também manda
Quando os dois pedem juntos, ninguém me passa pra trás

O que eu quero mais? – (4x)

Tenho plena consciência e sempre andei correto.
Por isso sou bem protegido por Vovó Catarina e Pai Anacleto

Eles são meus protetores e garantem minha paz.

O que eu quero mais? – (4x)

Meu pai é general de umbanda, assim é seu grito de guerra
Se Ogum perder demanda nunca mais desce na terra,
E em seguida ainda disse que filho de Umbanda não cai.

O que eu quero mais? – (4x)

O fato de ter mudado de religião não apaga o legado deixado pelo "velho malandro", e se Bezerra, no final da vida chegou a negar sua fé nos Orixás, um outro expoente que nasceu para o público com grande força na década de 1980 está aí, firme, tanto na carreira como na sua condução de fé: Zeca Pagodinho.

Jessé Gomes da Silva Filho nasceu em 4 de fevereiro de 1959 na cidade do Rio de Janeiro. Filho de Seu Jessé e Dona Irinéia, o quarto numa família com cinco crianças, desde cedo trocava as aulas por uma boa roda de samba. Nos anos 1970, entre um samba e outro, fez de tudo: foi feirante, camelô, *office-boy* e até anotador do jogo do bicho. Nessa época conheceu grandes nomes da música nacional, como Dorina, Paulão Sete Cordas, Monarco, Beto Sem Braço e Arlindo Cruz.

Outros cantores como Arlindo Cruz, Leci Brandão, Margareth Menezes e Carlinhos Brown (estes adeptos do Candomblé), Diogo Nogueira (filho de João Nogueira), Teresa Cristina (que chegou a ser homenageada na ALERJ na sessão solene do aniversário da Umbanda em 19 de novembro de 2013) e Mariene Castro (escolhida para cantar homenageando Oxum no encerramento das Olimpíadas do Rio de Janeiro em 2016) também falam abertamente sobre sua religiosidade e sua fé nos Orixás, mas Zeca se destaca entre estes, muito provavelmente, pela cobertura que a mídia costuma dar ao seu trabalho.

Não foram poucas as vezes que se declarou umbandista em programas de rádio, TV e na mídia impressa. Nunca escondeu sua fé em São Cosme e São Damião e especialmente em São Jorge, sincretizado com seu Pai de Cabeça: Ogum. Ao longo da carreira, gravou sucessos como "Patota de Cosme", "Cabocla Jurema", "Quando a gira girou", "Minha fé", "Ogum", "Vou botar teu nome na macumba", "Chico não vai na curimba", "Macumba da nêga", "Delegado Chico Palha" (falando da época em que os umbandistas sofriam opressão do Estado), "Só ô Ome", "Falange do Erê", "Pisei num despacho", entre outras canções que retratam o dia a dia dos adeptos dos terreiros, não só do Rio de Janeiro, mas de todo o Brasil.

Música: Minha fé
Composição: Zeca Pagodinho
Intérprete: Zeca Pagodinho

Eu tenho um santo
Padroeiro, poderoso
Que é meu pai Ogum
Eu tenho

Tenho outro santo
Que me ampara na descida
Que é meu pai Xangô
Caô

E quem me ajuda
No meu caminhar nessa vida
Pra ir na corrida do ouro
É Oxum, é Oxum

Nas mandingas que a gente não vê
Mil coisas que a gente não crê
Valei-me, meu pai, atotô, Obaluaê
Obaluaê

Por isso que a vida que eu levo é beleza
Não tenho tristeza
Eu só vivo a cantar, cantar

Cantando eu transmito alegria
E afasto qualquer nostalgia
Pra lá, sei lá

E há quem diga
Que essa minha vida
Não é vida para um ser humano viver
Podes crer

E nas mandingas que a gente não vê
Mil coisas que a gente não crê
Valei-me, meu pai, atotô, Obaluaê

A música de influência religiosa afro-umbandista abre espaço para músicos de diversos segmentos, e a cada dia novos cantores, grupos e bandas surgem e continuarão surgindo. Não é à toa que hoje podemos ver novamente vários artistas que, por força da fé ou por uma tradição de se trazer ao público algo tipicamente brasileiro, se apresentam com cantigas que os associam de alguma forma às religiões de matrizes africanas e à Umbanda. Podemos citar aqui nomes como Sinhô Preto-Velho, Rita Benedicto (que até alguns anos atrás era conhecida como Rita Ribeiro), Carol Nascimento, Carlos Buby, Liz Hermann, Jussara Marçal, Fabiana Cozza, Juliana D. Passos, Samba de Jorge, Roberta Sá, Aline Calixto, Glória Bonfim, Virgínia Rodrigues, Marisa Monte, Chico César, Fernanda Abreu, Banda Chimarruts, Mônica Salmaso, Samba no Ponto, Emicida, Grupo Aruanã, O Rappa, Valéria Barbosa, Paulo Mourão, Renata Rosa, Cidade Negra, Banda Monobloco, Thaíde, DJ Hum, Roberta Nistra, Tayrine de Oyá, Jussara Silveira, Karina Spinelli, Suellen Luz, Racionais MC's, Grupo Kangoma, Zeca Baleiro, Grupo Karnak,

Adriana Calcanhoto, Ana Mametto (Banda Mametto), Lucinha Madana Mohana, Hugo do Ilê, Renê Sobral, Dagô Afro Rock'n Roll, Macumbeats, Pierre Simões, Otto, Sambanzo, Davi Moraes, Serena Assumpção, Combo Afro-Candango, Grupo Babalotim, Obanajé e muitos outros famosos ou que ainda estão buscando seu espaço no mercado fonográfico do nosso país.

Além da MPB, que dedicou seu espaço para falarmos das mirongas, mandingas e lendas dos Orixás, outro movimento da cultura popular que sempre se mostrou bastante influenciado por toda essa magia é o das escolas de samba. Não foram poucas as escolas que tiveram como temática dos seus desfiles o universo dos terreiros. Já em 1948, a Vila Isabel levou para a avenida o enredo "Navio negreiro", reeditado pelo Salgueiro em 1957. Outros como "Quilombo dos Palmares" do Salgueiro, em 1960, "Chico Rei" da União do Vaz do Lobo, "Ganga Zumba" da Escola Unidos da Tijuca, em 1972, marcam essa trajetória, que segue com outros temas que abrilhantaram a avenida, como: "Porque Oxalá usa okodidé", "Chica da Silva", "O mito sagrado de Ifé", "Oxumarê – a lenda do arco-íris", "Alafin Oyó", "Ngola Djanga" e a campeã do desfile de 1988, que comemorava o centenário da libertação dos escravos, "Kizomba, festa da raça", que foi apresentada pela Escola Unidos de Vila Isabel.

Música: Kizomba, festa da raça
Composição: Rodolpho, Jonas e Luiz Carlos da Vila
Intérprete: Gera

Valeu Zumbi
O grito forte dos Palmares
Que correu terras, céus e mares
Influenciando a Abolição
Zumbi valeu
Hoje a Vila é Kizomba
É batuque, canto e dança
Jongo e Maracatu

Vem, menininha, pra dançar o Caxambu (bis)

Ô ô nega mina
Anastácia não se deixou escravizar
Ô ô Clementina
O pagode é o partido popular

Sacerdote ergue a taça
Convocando toda a massa
Nesse evento que com graça
Gente de todas as raças
Numa mesma emoção

Esta Kizomba é nossa constituição (bis)

Que magia
Reza, ajeum e Orixá
Tem a força da cultura
Tem a arte e a bravura
E um bom jogo de cintura
Faz valer seus ideais
E a beleza pura dos seus rituais

Vem a lua de Luanda
Para iluminar a rua
Nossa sede é nossa sede
De que o Apartheid se destrua

São Paulo também fez suas homenagens ao povo do santo, como aconteceu no desfile da agremiação Leandro de Itaquera em 1989, apresentando "Babalotim", e na apresentação da Barroca Zona Sul, que em 1992 levou para o Anhembi o samba-enredo "Roma Negra".

Embora essa temática tenha diminuído na primeira década do século XXI, nos últimos anos ela voltou com força total, como mostram os exemplos a seguir:

* Acadêmicos do Tatuapé – "Poder, fé e devoção – São Jorge Guerreiro" – 2014.

* Mocidade Alegre – "Ayom – A ancestral do samba" – 2016.

* Vai-Vai – "Menininha – Mãe da Bahia – Ialorixá do Brasil" – 2017.

* Salgueiro – "Ópera dos malandros" – 2016.

* Viradouro – "O Alabê de Jerusalém – a saga de Ogundana" – 2016.

* Mangueira – "Maria Bethânia – a menina dos olhos de Oyá" – 2016.

Toda essa inspiração vem desde a época em que os sambistas, fugindo da ação da polícia, se reuniam nos barracões e terreiros espalhados, principalmente, nas periferias das grandes cidades. Não é à toa que a maioria dos sambas-enredo de antigamente eram compostos como "samba de terreiro", bem como seus representantes cultuavam essa tradição de respeito à fé nos Orixás. Todas as escolas de samba precisam ter, obrigatoriamente, uma ala destinada às "baianas", numa alusão às mães de santo que sempre se propuseram a ajudar, nos momentos mais difíceis, aqueles que como elas sofriam com o preconceito da sociedade.

Apesar da ampla criatividade que brota dentro dos barracões, cremos que os temas afro-indígenas-religiosos nunca deixarão de fazer parte das homenagens de agremiações carnavalescas. Uma prova disso é que, no carnaval de 2019, várias escolas apresentaram enredos voltados à cultura das religiões afro e à Umbanda, como o Salgueiro, que homenageou "Xangô" no grupo especial do Rio de Janeiro. Já a Alegria da Zona Sul, da Série A do Rio de Janeiro trouxe o tema "Saravá Umbanda!", e a Escola Unidos da Ponte mostrou na Marquês de Sapucaí as "Oferendas". Em São Paulo, no grupo de acesso, a Barroca Zona Sul apresentou "Okê Arô". Baseada no romance umbandista *O arraial dos penitentes*, escrito pelo meu pai e dirigente espiritual da APEU, Pai Silvio F. Costa Mattos, a Escola de Samba Leandro de Itaquera levou para a avenida o samba-enredo "Ubatuba – o reconto do caboclo sob a luz do luar", mostrando ao público não só a história de vida, mas também o trabalho caritativo desse mentor espiritual, o Caboclo Ubatuba, atuante nas hostes umbandistas dentro da Linha de Oxalá.

Música: Ubatuba – o reconto do caboclo sob a luz do luar
Agremiação: G.R.C.E.S. Leandro de Itaquera
Compositores: Morganti, Tubino, Sukata, André Filosofia, Jairo, André Valêncio, Evandro Malandro, Wilson Bizzar, Robson Cezar e Meiners
Intérprete: Juninho Branco

Sou eu do berço africano
Aprisionado um grande sonhador
Na prece, um clamor por liberdade
A tribo me acolheu, me abraçou
Uma história de amor floresce
No ventre de Jacirendy, meu legado
E o cafuzo nascido na canoa
No ritual, Ubatuba batizado
Presente de Tupã, união das raças
Pela natureza abençoado

Filho da mata curador – ôôô
Um forte caçador
É madrugada, é lua cheia
Valentia para os índios da aldeia
(bis)

E assim sua missão se revelou
Nos passos da fé caminhou
Ensinou a tolerar e respeitar
Fez a igualdade se perpetuar

Ao som do batuque, louvor e saudade
Raiz africana, ancestralidade
E o céu então recebe o mensageiro
Nos braços de Oxalá e da Umbanda
Alma que reside em Aruanda
Guerreiro de luz, Itaquera te chama
Okê Caboclo Ubatuba!
Hoje o seu axé emana

É a fé que reluz no olhar
A tribo Leandro ecoando seu tambor
Vermelho e branco é bravura
E a zona leste a cantar
A força que vem do amor!
(bis)

    Essas homenagens às forças espirituais se estenderam também nas agremiações que hoje se encontram em grupos menores, como, por exemplo, no Acesso 2 de São Paulo, a Imperador do Ipiranga cantou "Òrun Aiyê e o mensageiro do mundo"; e na Série B do Rio de Janeiro, a Acadêmicos do Engenho da Rainha mostrou "Matamba, o sonho de uma rainha".

    Se fôssemos ampliar esta pesquisa pelas escolas e blocos carnavalescos de todo o país, temos certeza que encontraríamos um número imenso de enredos com esse tipo de temática, mostrando que a essência da fé se faz presente, viva e pulsante dentro daquela que é classificada como a maior festa popular brasileira.

Nas ondas da rádio

Nos capítulos anteriores, mostramos a importância da discografia afro-umbandista para a permanência de melodias e cantigas sacras entoadas nos terreiros de todo o Brasil ao longo desses pouco mais de cem anos desde o evento da anunciação da religião pelo Caboclo das Sete Encruzilhadas por intermédio de sua manifestação em Zélio Fernandino de Moraes. Porém se os discos e Cds foram importantes para o registro desses trabalhos, um outro serviço foi de fundamental importância para a divulgação deles: as rádios.

Dos trabalhos feitos outrora, destacamos o pioneiro programa **Melodias de Terreiro,** que foi pela primeira vez ao ar em 1948, apresentado por Átila Nunes Pereira na Rádio Guanabara do Rio de Janeiro. Esse programa teve sua semente plantada por J. B. de Carvalho, que convenceu Átila Nunes a ceder 15 minutos do programa Rádio-Baile Carogeno e Casa Mathias para a divulgação de pontos de Umbanda. Já na terceira geração, o programa Melodias de Terreiro, que também foi apresentado por Bambina Bucci (esposa de Átila), ainda está no ar (embora tenha "corrido" por diversas rádios ao longo desses anos) e tem como apresentador principal Átila Nunes

Filho e uma equipe que tem entre os participantes o neto, Átila Alexandre Nunes. Também fez parte do quadro o jovem Átila Nunes Neto, que voltou aos planos da espiritualidade em 2012.

Ainda em 1948, Paulo Gomes de Oliveira lançou o **Programa Luz Divina**, também pela Rádio Guanabara. Na década de 1970, mais precisamente em 1971, J. B. de Carvalho dirigiu, na Rádio Carioca, um programa de grande audiência: a **Carioca dos Terreiros**.

Em São Paulo, merece destaque a Rádio Cacique de São Caetano do Sul, na região do ABC paulista, que por anos transmitiu programas dedicados aos adeptos da Umbanda e dos cultos afros, como o **Umbanda em Marcha**, que ao longo dos anos foi apresentado por ícones como Ronaldo Antônio Linares, Demétrio Domingues e Hercílio Sanches.

Apesar do preconceito enraizado em nossa sociedade, ainda hoje encontramos alguns programas que falam de Umbanda, especialmente no Rio de Janeiro e no Sul do Brasil. Antes era muito difícil encontrarmos uma programação especializada para o público que segue a fé nos Orixás, mas hoje esse problema foi diminuído com a criação das *webs* rádios, que não precisam de autorização da Anatel e do Ministério das Comunicações para funcionar.

A primeira *web* rádio exclusivamente umbandista foi a Rádio Voz da Umbanda, comandada pelo locutor Fábio Ribeiro e que tinha sua base em São Paulo. Ela abriu o caminho para que outras rádios surgissem em todo o Brasil, como Rádio Atabaques, Toques de Umbanda, Rádio Raízes de Umbanda, Voz dos Orixás, Toques de Aruanda, Umbanda Popular Brasileira, Rádio Axé Rio Grande, Melodias de Terreiro, A Caminho da Luz, Sensorial, Toques de Axé, Umbanda do Brasil, Umbanda Rio, Vinha de Luz, Umbanda Escola da Vida, dentre outras.

Como criador e administrador da *web* rádio Raízes de Umbanda, pude perceber o poder que esse serviço presta à nossa cultura, uma vez que a Internet rompe barreiras que eram delimitadas numa rádio comum, atingindo um público que abrange todo o Brasil e até mesmo além dos limites das nossas fronteiras (chegamos a ter acessos de mais de 70 países espalhados por todos os continentes), com destaque especial para os latino-americanos, como Argentina, Uruguai, Paraguai, Chile, e também com uma grande quantidade de ouvintes nos Estados Unidos, em Portugal, na Espanha e no Japão.

Se uma *web* rádio tem esse imenso poder de divulgação da religião, visto que, além da musicalidade umbandista, muitas delas possuem programas que tratam da doutrina e da cultura umbandista em geral, é também importante lembrarmos que devemos tomar todos os cuidados possíveis para evitar o aluguel de horários para falsos sacerdotes, que assim como "urubu vai em direção à carniça", buscam esse meio de divulgação da nossa religião para angariar possíveis "clientes" que, na ânsia de buscar a solução dos seus problemas de saúde, financeiro, profissional, de relacionamento ou até mesmo de ação espiritual, possam cair na lábia de espertalhões, manchando o trabalho daqueles que praticam a religião em sua essência maior: a caridade.

Glossário

Seguem abaixo algumas palavras relacionadas à sonorização e à musicalidade que são utilizadas pelas religiões de origem afro-indígena-brasileira:

Adajibe: cânticos iniciais nos Candomblés Jêje.
Adufo: pequeno tambor usado nos cultos de Xangô do Nordeste.
Agã: tocadora de agogô (ou gã).
Alabê: comandante dos Ogãs.
Alabê-Huntó: Ogã chefe que toca o rum (atabaque maior).
Alafia: cumprimento entre os filhos de Ayan, demonstração de "alegria".
Angomba: tambor nos Candomblés de influência Bantu. Também chamado de Engoma ou N'goma. Antigamente era feito de barril com o couro pregado na madeira.
Aruê: o mesmo que "salve" na nação angola.
Azuela: ordem para bater palmas e animar a festa no Candomblé Angola.
Batá: tambor de duas membranas, distendidas por cordas, que é usado pendurado ao pescoço do tocador e tocado dos dois lados.
Batacotô: grande tambor de tronco de árvore, escavado em fogo, usado pelos escravos em cerimônias religiosas.
Batucajé: conjunto de sons emitidos pelos atabaques que acompanham as danças nos terreiros.
Candombe: antiga dança dos escravos das fazendas, espécie de batuque.

Corimbas (ou curimbas): cânticos sagrados na Umbanda e cultos afros.

Erecoara: cargo de certos terreiros de Umbanda, da pessoa que dirige os cânticos sagrados.

Iadogã: mulher confirmada que dirige o movimento do terreiro juntamente com um Ogã, quando da presença de um Ogã honorífico.

Idá: pequena campainha usada em alguns terreiros.

Ingorossi: reza da nação angola, feita pelos filhos de santo, em roda, com o Tata ao centro, saudando os deuses com cânticos e palavras especiais.

Jaré: dança ritual em alguns terreiros afro-brasileiros.

Karokê: solicitação de licença para se comunicar com iniciandos que estão em aprendizado na camarinha.

Kissium: oração. Termo usado pelos antigos negros maometanos.

Linho: cantiga sagrada nos torés, catimbós ou cultos de Jurema.

Malembe: cântico especial para pedir misericórdia, suplicar auxílio ou perdão (maleme).

Mestre Gaô: tocador de tambor na linhagem de Umbanda praticada pela Tenda Mirim/RJ.

Odara: palavra usada em alguns pontos, que significa belo ou bom.

Oguidavis (ou aguidavis): varetas de goiabeira, tamarindeiro ou cipó duro usadas para tocar os atabaques nos rituais Kêto, Jêje e Ijexá.

Ojum: oração fúnebre para os espíritos dos mortos conseguirem paz e poderem reencarnar quando for permitido pelos Senhores do Carma.

Paó: palmas (vem de "ipatewó" = aplauso). Também "Pawò".

Puxar o ponto: iniciar um cântico ritualístico dentro do terreiro. Também firmar ou tirar o ponto.

Rum de Orixá: toque dos atabaques para a dança festiva do Orixá manifestado em festas públicas.

Suspenso: elevado ao cargo de Ogã.

Telebê: também chamado de "toada de couro". Cântico que induz um filho faltoso a entrar em transe violento.

Urucai: oração, prece, reza, invocação. Origem indígena.

Vadiar: dançar. Termo usado pelas entidades manifestadas nos Candomblés de Caboclo.

Xererê: chocalho de metal, usado nas macumbas cariocas.

Zuzá: chocalhos de frutos de pequi, atados aos tornozelos nas danças de terreiros de influência afro-indígena.

Epílogo

Espero com esta obra ter passado a todos um pouco da importância da música nas religiões, em especial para os adeptos da Umbanda. Buscar informação é dever de todo umbandista, e eu, como um estudioso do assunto, não poderia deixar passar a oportunidade de, por intermédio da literatura, continuar levando um pouco do que consegui nestes muitos anos de pesquisas.

Se hoje, além de estar à frente da Curimba da APEU, ainda sou autor de livros, orientador de cursos, palestrante, diretor de *web* rádio e outros possíveis trabalhos voltados a nossa musicalidade, devo muito disso aos que um dia me passaram um pouco do que conheciam. É assim que a "roda do conhecimento" gira, um ensinando o outro e todos evoluindo juntos.

Aliás, não estou fazendo nada demais, porém apenas seguindo umas das diretrizes passadas pelo Caboclo das Sete Encruzilhadas, que disse: "com os que sabem mais, aprenderemos... aos que precisam de informação, ensinaremos". Embora muitos tenham entendido que o caboclo falava somente da relação com os espíritos, acredito que serve também para nós, afinal também somos parte dessa essência divina, porém encarnados para seguirmos com o nosso desenvolvimento individual.

Sendo a Umbanda uma religião de paz e amor, sua melhor arma contra o preconceito é a instrução, por isso agradeço a você, leitor, que não só adquiriu como leu todo o conteúdo deste livro. Desde já lhe peço que incentive outros irmãos de fé a buscarem não só este, mas todo e qualquer tipo de conhecimento, afinal de contas é dever do umbandista estudar, ler, reler e peneirar todas as informações possíveis, seja por meio da literatura, de cursos, de vídeos ou de conversas com os nossos "mais velhos", de tal forma que possamos nos manter sempre num caminho seguro de evolução espiritual, firmes na fé que temos nas forças dos Sagrados Orixás e de todos os seus falangeiros de luz.

Muito obrigado!

Saravá!

Axé!

Sandro da Costa Mattos

Sobre o autor

Sandro da Costa Mattos é paulistano, nascido em 9 de maio de 1974. Filho de Silvio Ferreira da Costa Mattos e Cleide Cunha da Costa Mattos, sacerdotes umbandistas e dirigentes da Associação de Pesquisas Espirituais Ubatuba (APEU). É casado com Viviane Schiavino da Costa Mattos e tem dois filhos: Diego Schiavino da Costa Mattos e Juliana Schiavino da Costa Mattos.

Apesar de graduado como bacharel em Ciências Biológicas pelo Centro Universitário Capital (Unicapital), construiu sua carreira profissional na área financeira, visto que, ainda na adolescência, concluiu o antigo colegial, hoje Ensino Médio, com formação técnica em Contabilidade. Também é Educador e Terapeuta Financeiro formado pela DSOP Educação Financeira e devidamente associado à Associação Brasileira de Educadores Financeiros (Abefin), pós-graduado com MBA em Administração de Finanças e Banking pela Universidade Paulista (UNIP) e Especialização em Terapia Financeira pela Universidade do Oeste Paulista (Unoeste).

Umbandista "de berço", começou a demonstrar os primeiros interesses pela religião, em especial pela música usada nos rituais, aos 6 anos de idade. Mas o tambor o chamava, e aos 9 anos assumiu sua missão, sendo consagrado como Ogã pelo mentor da APEU, Caboclo Ubatuba, em 1983. Nessa época foi comandado e orientado pelo Alabê Dermeval Marques Saturnino, que anos mais tarde passou a ser pai-pequeno da casa, pois tinha missão sacerdotal. Este, por ordem da Espiritualidade Maior, "passou o bastão" para o aplicado e estudioso Ogã, que, apesar da juventude, sempre demonstrou extrema responsabilidade com o Sagrado.

Os conhecimentos adquiridos ao longo dos seus mais de 35 anos de participação ativa e ininterrupta nos estudos, na prática religiosa e em tudo que envolva a cultura afro-indígena-brasileira, permitiram-lhe lecionar sobre essa matéria nos cursos periódicos na instituição, tais como: o "Curso de Cânticos de Umbanda" e o "Curso Básico de Formação de Ogãs e Atabaqueiros", além de ministrar as palestras e *workshops*: "A musicalidade na Umbanda", "Pontos antigos de Umbanda – resgatando as nossas origens" e "O poder do som". Ao longo dos anos, tem participado de vários eventos ao lado de renomadas autoridades representativas do meio.

Foi colunista da revista *Guardiões da Luz* (impressa) e *do Correio da Umbanda* (digital). Já foi entrevistado ou teve seus artigos publicados por mídias nacionais e internacionais. Apresentou, por longo tempo, o programa: "Cantando com os Orixás", transmitido pela *web* TV Saravá Umbanda. Criou e editou o *Jornal Umbanda Branca*, informativo mensal da APEU que circulou nas lojas de artigos religiosos e na Internet por muitos anos na primeira década deste século. Escreveu a pioneira obra: O livro básico dos Ogãs, publicada pela Ícone Editora em 2005 e que está na sua 2ª edição.

Depois de acumular um imenso acervo fonográfico, fundou a *web* rádio Raízes de Umbanda em 2010, expandindo para todo o Brasil e o mundo a arte, a música e a cultura umbandistas, transmitindo esse material como meio de divulgação da fé e na luta contra o preconceito por meio da informação.

Possui diversos certificados e medalhas de "Honra ao Mérito" ou outras formas de reconhecimento emitidos por diversos organismos, entre os quais destacamos a Câmara Municipal da Cidade de São Paulo, porém não se pode deixar de citar outros títulos e prêmios recebidos pelo seu trabalho individual, bem como pelo que construiu à frente da curimba da APEU ou da *web* rádio Raízes de Umbanda, como: "Melhor intérprete" no 1º Festival União dos Divulgadores de Umbanda & Aldeia de Caboclos em 2009, "Melhor intérprete" no 1º Festival dos Filhos do Axé em 2010, "Melhor Curimbeiro" pelo Icapra no 6º Atabaque de Ouro realizado em 2010, "Oscar da Umbanda" organizado pelos Filhos do Axé nos anos de 2011 e 2012, "Sete Ministros da Curimba", concedido pelo *Jornal Umbanda Brasil* em 2012, "Melhor Cidadão" pelo Instituto Cultural Umbandista da Cidade Tiradentes, "Baluarte da Umbanda", entregue pela *web* rádio Umbanda Popular Brasileira em 2012, "1º Prêmio Jovens do Axé" pelo Programa LiberdaD'Expressão em 2015 e "Prêmio Nilton Fernandes" pela Escola de Curimba e Arte Umbandista Nilton Fernandes de Aruanda em 2019.

Em 2018, participou do documentário "Toque de Aruanda", produzido pela Bubbagump Produções (Universidade Anhembi Morumbi).

Escreveu a obra *A música na Umbanda*, visando levar aos adeptos e estudiosos um leque maior de informações a respeito dessa ferramenta tão importante dentro dos rituais dessa religião essencialmente brasileira.

Referências bibliográficas

BÉHAGUE, Gerard. *Correntes regionais e nacionais na música do Candomblé baiano.* [s.d.]. Disponível em: http://hugoribeiro.com.br/biblioteca-digital/Behague-Musica_candomble.pdf. Acesso em: 20 mar. 2019.

BÍBLIA SAGRADA. Tradução de João Ferreira de Almeida. Edição revista e atualizada no Brasil. Rio de Janeiro: Sociedade Bíblica do Brasil, 1959.

BORGES, Mackely Ribeiro. Umbanda e Candomblé: pontos de contato em Salvador-BA. *In:* CONGRESSO DA ASSOCIAÇÃO NACIONAL DE PESQUISA E PÓS-GRADUAÇÃO EM MÚSICA (ANPPOM), XVI, Brasília, 2006. Anais... Brasília, 2006. Disponível em: http://antigo.anppom.com.br/anais/anaiscongresso_anppom_2006/CDROM/COM/02_Com_Etno/sessao04/02COM_Etno_0401-164.pdf. Acesso em: 20 mar. 2019.

BRAGA, Lourenço. *Umbanda e Quimbanda. 2ª parte: unificação e purificação.* Rio de Janeiro: Edições Spiker, 1961.

BRÜGGER, Silvia Maria Jardim. "O povo é tudo!": uma análise da carreira e da obra da cantora Clara Nunes. *ArtCultura*, Uberlândia, v. 10, n. 17, p. 191-204, jul.-dez. 2008. Disponível em: http://www.artcultura.inhis.ufu.br/PDF17/S_Brugger_17.pdf. Acesso em: 20 mar. 2019.

CACCIATORE, Olga Gudolle. *Dicionário de cultos afro-brasileiros.* 2. ed. São Paulo: Forense Universitária, 1977.

CARVALHO, José Jorge de. *Um panorama da música brasileira. Parte 1: dos gêneros tradicionais aos primórdios do samba.* Brasília: Universidade de Brasília, 2000. Série Antropologia. Disponível em: http://www.dan.unb.br/images/doc/Serie275empdf.pdf. Acesso em: 20 mar. 2019.

CASA DO CAMINHO IRMÃ SHEILA. *Boletim Informativo*, n. 50, abr. 2019.

CUMINO, Alexandre. *Deus, deuses, divindades e anjos*: teologia, mitologia e angeologia. São Paulo: Madras, 2008.

CUMINO, Alexandre. *História da Umbanda – uma religião brasileira.* 2. ed. São Paulo: Madras, 2011.

CUNHA, Nelson C. Y. *Umbanda – religião e magia*. São Paulo: Edrel, [s.d.]. v. 1.

DENIS, Léon. *O espiritismo na arte*. São Paulo: Arte Cultura, 1990.

DEWHURST-MADDOCK, Olivea. *A cura pelo som*: técnica de autoajuda através da música e da própria voz. São Paulo: Madras, 1999.

EDITORA ECO. *600 pontos riscados e cantados na Umbanda e Candomblé*. 8. ed. aumentada e melhorada. Editora Eco, [s.d.].

FEDERAÇÃO ESPÍRITA DE UMBANDA. *Primeiro Congresso Brasileiro do Espiritismo de Umbanda*. Rio de Janeiro: Federação Espírita de Umbanda, 1942. Disponível em: http://ebooks.brasilpodcast.net/ebook.php?id=760. Acesso em: 20 maio 2019.

FERAUDY, Roger, Umbanda, essa desconhecida. 4. ed. Limeira, SP: Editora do Conhecimento, 2004.

JURUÁ, Padrinho. *Coletânea da Umbanda. A manifestação do espírito para a caridade. As origens da Umbanda II*. São Caetano do Sul, SP: [independente], 2013.

LEAL, Otávio (Dhyan Prem). *Livro de ouro dos mantras*. 2008. Disponível em: http://espacoholistico.com.br/mantra-ebook.pdf. Acesso em: 20 maio 2019.

LIMA, Augusto Aparecido. **O espiritismo, segundo a Umbanda integral**. São Paulo, 1996.

LOPES, Nei. A presença africana na música popular brasileira. *ArtCultura*, Uberlândia, v. 6, n. 9, 2004.

MATTOS, Sandro da Costa. *O livro básico dos Ogãs*. São Paulo: Ícone Editora, 2005.

MÚSICA paleolítica. *Revista Nature*, 25 jun. 2009.

NAPOLITANO, Marcos. *Seguindo a canção*: engajamento político e indústria cultural na MPB (1959-1969). São Paulo: Annablume, 2001.

OLIVEIRA, Altair B. *Cantando para os Orixás*. 2. ed. Rio de Janeiro: Pallas, 1997.

PRANDI, Reginaldo. *Segredos guardados*: Orixás na alma brasileira. São Paulo: Cia. das Letras, 2005.

RAMATÍS (Espírito). A missão do espiritismo. Psicografado por Hercílio Maes. Rio de Janeiro: Livraria Freias Bastos, 1967.

RAMOS, Arthur. *O negro brasileiro*. 5. ed. Rio de Janeiro: Grafhia, 2001.

_____. *As culturas negras no novo mundo*. São Paulo: Cia. Editora Nacional, 1979.

RIBEIRO, José. *Dicionário africano de Umbanda*. 2. ed. Editora Espiritualista, 1972.

SILVA, Jeusamir Alves da. "*Angola Nação Mãe*": o resgate do Candomblé Tradicional Bantu-Angola. Duque de Caxias, RJ: Gráfica e Editora Maná Betel, 2010.

SILVA, Vagner Gonçalves da; AMARAL, Rita. Foi conta pra todo canto: as religiões afro-brasileiras nas letras do repertório musical popular brasileiro. *Afro-Ásia*, n. 34, Universidade Federal da Bahia, Bahia, 2006.

SILVA, Woodrow Wilson da Matta e. *Doutrina secreta da Umbanda*. 4. ed. Rio de Janeiro: Livraria Freitas Bastos, 1985.

_____. Lições de Umbanda (e Quimbanda) na palavra de um Preto Velho. 4. ed. Rio de Janeiro: Livraria Freitas Bastos, 1975.

TEIXEIRA JR., José Carlos. A música umbandista e o mercado religioso carioca – uma abordagem etnomusicológica. *In*: CONGRESSO DA ASSOCIAÇÃO NACIONAL DE PESQUISA E PÓS-GRADUAÇÃO EM MÚSICA (ANPPOM), XV, Rio de Janeiro, 2005. *Anais...* Rio de Janeiro, 2005. Disponível em: http://antigo.anppom.com.br/anais/anaiscongresso_anppom_2005/sessao9/jose_carlos_teixeira.pdf. Acesso em: 20 mar. 2019.

TYLOR, Edward B. *Primitive culture*. London, 1871. Disponível em: https://books.google.com.br/books?id=RUMBAAAAQAAJ&printsec=frontcover&hl=pt-BR&source=gbs_ge_summary_r&cad=0#v=onepage&q&f=false. Acesso em: 20 maio 2019.

ZESPO, Emanuel. *Codificação da lei de Umbanda*. 2. ed. Editora Espiritualista, 1960.

Sites pesquisados

http://acervoestrelaverde.blogspot.com.br
http://acervotambor.blogspot.com.br
http://afroasia.ufba.br
http://almanaque.folha.uol.com.br/musicaoquee.ht
http://bileskydiscos.com.br
http://bonavides75.blogspot.com.br
http://candomblecomaxe.blogspot.com.br
http://cifrantiga2.blogspot.com
http://dicionariompb.com.br/j-b-de-carvalho/dados-artisticos
http://dicionariompb.com.br/j-m-alves/biografia
http://discosdeumbanda.blogspot.com.br
http://disneybabble.uol.com.br
http://downloadmpb.blogspot.com
http://gnt.globo.com/programas/viver-com-fe/videos/2168352.htm
http://jorgeamado-blog.blogspot.com.br/2011/05/jorge-amado-e-poesia-e-doce-morrer-no.html
http://mandaladosorixas.blogspot.com.br
http://manolopes1000.blogspot.com.br
http://percussão.awardspace.com/relatório.pdf
http://pt.wikipedia.org
http://rcespiritismo.com.br
http://rodrigomattar.grandepremio.uol.com.br/tag/raul-seixas/
http://sambaderaiz.org

http://umbandaeucurto.com/noticias/eventos/atabaque-de-ouro-13-edicao
http://www.centrobenenzon.com.br/pdf/iartigorevistaarom.pdf
http://www.diaadiaeducacao.pr.gov.br/portals/cadernospde/pdebusca/producoes_pde/2014/2014_uel_arte_artigo_aparecida_paschoalotto_alves.pdf
http://www.esquinamusical.com.br/10-sucessos-de-jair-rodrigues
http://www.foliadosamba.com/p/enredos-2019.html
http://www.letrasdemusicas.fm
http://www.mpbnet.com.br/musicos/clara.nunes
http://www.musicoterapiabrasil.org
http://www.scielo.br/
http://www.sitemedico.com.br
http://www.terramistica.com.br
http://www.ukecifras.com.br
http://www.umbanda.com.br
http://youtube.com
https://amitita.wordpress.com
https://aralotum.wordpress.com
https://brasil.elpais.com/brasil/2017/04/19/cultura/1492633343_894848.html
https://candombles.blogspot.com.br
https://gauchazh.clicrbs.com.br/geral/noticia/2012/10/cantor-zeca-pagodinho-declara-que-e-medium-3904207.html
https://image.slidesharecdn.com
https://musicasbrasileiras.wordpress.com/2014/07/02/o-pequeno-burgues-martinho-da-vila
https://oglobo.globo.com/cultura/serie-de-cds-reune-104-gravacoes-de-ataulfo-alves-3349968
https://paimane.com
https://umbandaead.blog.br
https://www.letras.com
https://www.ouvirmusica.com.br/zeca-pagodinho
www.algosobre.com.br
www.brasilescola.com
www.edcc.usp.br

Periódicos

Ayom – O Jornal da Música Sacra Brasileira, n. 1-2, 2007.
Jornal Icapra, ano 2, 29ª a 31ª ed., Rio de Janeiro, 2008/2009.
Revista Espiritual de Umbanda, 4ª a 17ª ed., Editora Escala, 2006/2007.
Revista Umbanda Verdade, 1. ed., Editora Bartolo Fittipaldi, 1985.

Capa e projeto gráfico: Marco Cena
Revisão: Gaia Revisão Textual
Coordenação editorial: Maitê Cena
Produção editorial: Bruna Dali e Maitê Cena
Assessoramento gráfico: André Luis Alt

Dados Internacionais de Catalogação na Publicação (CIP)

M444m Mattos, Sandro da Costa
A música na Umbanda. / Sandro da Costa Mattos. – Porto Alegre: BesouroBox, 2019.
152 p. ; 16 x 23 cm

ISBN: 978-85-5527-102-1

1. Religião. 2. Umbanda. 3. Música - história. 4. Religião e música. I. Título.

CDU 299.6:78

Bibliotecária responsável Kátia Rosi Possobon CRB10/1782

Direitos de Publicação: © 2019 Edições BesouroBox Ltda.
Copyright © Sandro da Costa Mattos, 2019.

Todos os direitos desta edição reservados a
Edições BesouroBox Ltda.
Rua Brito Peixoto, 224 - CEP: 91030-400
Passo D'Areia - Porto Alegre - RS
Fone: (51) 3337.5620
www.besourobox.com.br
www.legiaopublicacoes.com.br
Impresso no Brasil
Julho de 2019